KB138438

혼공 초등영문법 매일매일 트레이닝

L2

혼공북스

혼공!

안녕하세요? 혼공쌤이에요.

혹시 영문법을 왜 공부하는지 아시나요? 아, 영문법은 생각만 해도 힘들다고요? 하하하. 맞아요. 쌤도 참 힘들게 공부하고 또 공부했어요. 영어 시험을 보면 혼나기도 하고 칭찬을 받기도 했답니다. 결국 영어를 좋아하게 되고, 원어민들과 편하게 쓰게 되니 한 가지 답을 얻었어요. 그것은 바로 바로 바로...

영문법을 잘 공부하면 조금 더 편하고 쉽게 영어로 말하고 쓸 수 있다는 것이에요. '엥? 영문법 공부하는 것 자체가 외울 것과 시험볼 것 투성이인데, 어떻게 그게 가능해요?'라고 묻는 친구들이 있을 거예요. 워워... 우리 친구들 말에 매우 동의해요. 왜냐하면 우리 친구들 마음속에 '영문법은 시험'이라는 공식을 뺄 수는 없으니까요.

그래서 혼공쌤이 제안을 하나 하려고 해요. 영어로 잘 말하고 쓸 수 있도록 영문법을 '활용'하는 방법을 알려줄게요. 동시에 시험 영어도 잘할 수 있도록 도와줄게요. 그러나 외우는 것은 최소화 시켜드릴게요. 오케이? 오케이! 여러분에게 최적화된 문법 개념을 쌤과 함께 익히고, 그 개념을 여러분의 것으로 만들다 보면 자동으로 문장이 술술 나오는 경험을 하게 될 거예요.

그리고 그 '경험' 위에 시험 영어도 잘할 수 있도록 약간의 '양념'을 슬쩍 발라드릴게요. 그러면 여러분은 영문법뿐 아니라 영어의 고수가 될 것이에요. 대신 하나만 약속해 주세요. 쌤이 최선을 다해 책과 강의로 도와드릴테니, 여러분은 꼭 스스로 한 문장이라도 말해 보거나 써 보면서 트레이닝을 마무리 해 보세요. 그것이 공부의 끝이라고 생각하면 얼마든지 잘할 수 있어요!

자, 이제 영문법 트레이닝을 신나게 해 볼까요? 올바른 방법으로 구체적인 목표를 세운 후 제대로 공부하면 안 될 것이 없어요. 여러분들은 무조건 잘 될 거예요. 그럼 이제부터 신나는 영어의 세계로 가즈아!

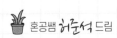 혼공쌤 허준석 드림

혼공 초등 영문법 트레이닝 커리큘럼

| Level 1 | Level 2 | Level 3 |

매일매일 주 5일 4주 완성

혼공 초등 영문법 시리즈, 이렇게 연계하여 공부하자!

개념편

| 8품사편 | 기초구문편 | 쓰기편 |

어순과 단어   다양한 문장

훈련편

| Level 1 | Level 2 | Level 3 |

단어 24단 변화   문장 변화

* 혼공 초등 영문법 시리즈는 **개념편**과 **훈련편**으로 **구성**되어 있어요!

* 영문법을 효과적으로 공부하기 위해 **개념편** 시리즈로 **시작**하여 본책 **훈련편** 시리즈로 **공부를 완료**하세요!

혼공 초등 영문법 트레이닝
영문법 기초 개념을 다양한 문장 속에서 훈련하자!

① 초등 영문법이 저절로 익혀지는 3단계 영문법 트레이닝!

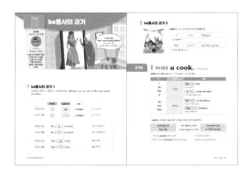

1단계 ▶ Grammar Check

문법 개념과 1대 1로 연결되는 예시와 문장들을 통해
기초 사항들을 익혀요.

● 단어 ➜ 구 ➜ 문장 순서로 주요 문법 개념을 익힐 수 있어요!

2단계 ▶ Sentence Check

문법 개념 및 형태를 확인하는 문제뿐만 아니라 문장 속
문법 오류들을 파악하고 바르게 수정하는 문제를 통해
문장 속에서 단어의 올바른 쓰임을 확인할 수 있어요.

● 짧은 문장이나 대화문, 도표 등을 보고 문장을 쓰다 보면
서술형 문제도 척척 해결할 수 있어요!

3단계 ▶ Writing Check

문장 고쳐 쓰기, 문장 완성, 문장 배열, 우리말에 알맞은
문장 완성 등의 유형을 통해 문장 쓰기의 기초를 다질 수
있어요.

● 단어 배열, 문장 완성을 거쳐 완벽한 문장을 쓸 수 있도록
구성했어요!

G·S·W 3단계 영문법 트레이닝

Grammar		**Sentence**		**Writing**
단어, 문장의 규칙 확인	➜	문장에서 규칙 익히기	➜	문장 쓰기로 마무리
단어의 특성과 단어가 문장을 이루기 위한 규칙을 배우는 코너		문장 속에서 단어의 특성과 규칙을 경험하고 익히며 쓰기까지 해 보는 코너		다양한 방식의 영작을 통해 문장 쓰기를 익히는 코너

WEEK
START

DAY 1

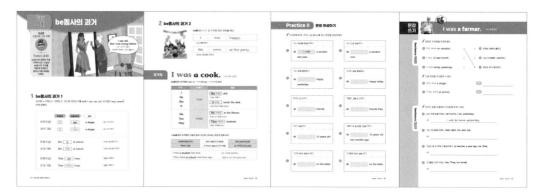

문법 개념 쪼개기
어렵고 복잡한 문법을 쪼개서 이해하기 쉽게 배워요.

DAY 2

개념의 시각화
도식화, 도표를 이용해 형태를 명확히 구별하고, 오류 확인 등을 통해 의미를 효과적으로 파악할 수 있어요.

**DAY 3
~ DAY 4**

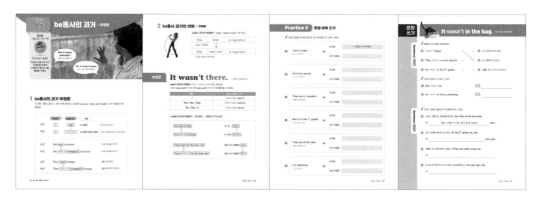

Grammar Check → **S**entence Check → **W**riting Check
G·S·W 3단계 영문법 트레이닝으로 단어 → 구 → 문장을 체계적으로 배울 수 있어요.

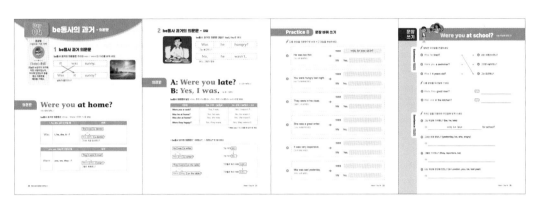

Grammar Check → Sentence Check → Writing Check

G·S·W 3단계 영문법 트레이닝으로 단어 → 구 → 문장을 체계적으로 배울 수 있어요.

DAY 5

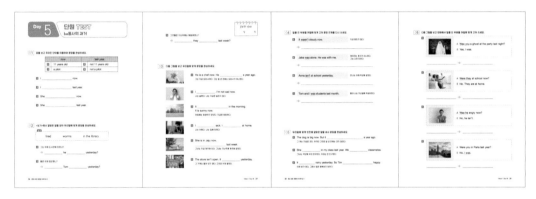

챕터 마무리 문제

4일 동안 배운 영문법 개념을 한번에 확인하는 문제들을 통해 배운 내용을 재점검할 수 있어요.
그러면서 자신의 강점과 약점을 파악하며 실력을 스스로 평가할 수 있어요.

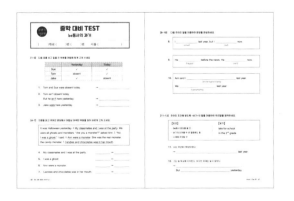

중학 대비 TEST

다양한 서술형 문항을 풀어보며
중학 평가를 대비한 기본기를
튼튼히 다질 수 있어요.

TRAINING COMPLETE

✂ 내 실력을 점검하고 궁금한 부분을 해결하고 싶다면 정답과 해설을 꼭 참고하세요.

Level 2 차례

*정답은 **140**쪽에 있습니다.

Chapter 1
be동사의 과거

Week 1

Day 01

오늘의 공부   **be동사의 과거**

제 평가는요?
☆ ☆ ☆ ☆ ☆

월 ⬚   일 ⬚   시간 ⬚

Day 02

오늘의 공부   **be동사 과거의 의미**

제 평가는요?
☆ ☆ ☆ ☆ ☆

월 ⬚   일 ⬚   시간 ⬚

Day 03

오늘의 공부   **be동사의 과거** - 부정문

제 평가는요?
☆ ☆ ☆ ☆ ☆

월 ⬚   일 ⬚   시간 ⬚

Day 04

오늘의 공부   **be동사의 과거** - 의문문

제 평가는요?
☆ ☆ ☆ ☆ ☆

월 ⬚   일 ⬚   시간 ⬚

Day 05

오늘의 공부   **단원 TEST / 중학 대비 TEST**

제 평가는요?
☆ ☆ ☆ ☆ ☆

월 ⬚   일 ⬚   시간 ⬚

be동사의 과거

혼공쌤
그림으로 기초 이해

[Today's 혼공]
be동사의 종류와 뜻을 기억하나요? 오늘은 be동사로 과거를 어떻게 표현하고 말하는지를 배워볼 거예요.

I am old.
But I was young befo
나는 나이가 많아.
하지만 전에는 나는 젊었지.

1 be동사의 과거 1

과거에 누구였는지, 어땠는지, 어디에 있었는지를 be동사 am, are, is의 과거형인 was, were로 바꿔 말해요.

	주어(S)	be동사(V)	보어	
현재(지금)	I	am	a singer.	나는 가수이다.
과거(그때)	I	was	a singer.	나는 가수였다.

현재(지금)	She	is	at school.	그녀는 학교에 있다.
과거(그때)	She	was	at school.	그녀는 학교에 있었다.
현재(지금)	They	are	busy.	그들은 바쁘다.
과거(그때)	They	were	busy.	그들은 바빴다.

2 be동사의 과거 2

be동사는 누구, 곧 주어에 따라 변화를 해요.

I	was	happy.

나는 행복했다.

We	were	at the party.

우리는 파티에 있었다.

과거형

I was **a cook.** 나는 요리사였다.

be동사의 과거형은 am, is → was와 are → were로 써요.

주어	be동사	예문
I He She It	was	**She was** sick. 그녀는 아팠다. **It was** under the desk. 그것은 책상 아래에 있었다.
We You They	were	**We were** in the library. 우리는 도서관에 있었다. **They were** students. 그들은 학생들이었다.

* be동사의 과거형은 다음과 같이 시간을 나타내는 표현과 함께 써요.

yesterday(어제)	last night(지난밤에)	last year(작년에)
then(그때)	2 hours ago(2시간 전에)	in 1993(1993년에)

I was a student last year. 나는 작년에 학생이었다.

They were at school one hour ago. 그들은 한 시간 전에 학교에 있었다.

Practice A 알맞은 말 고르기

☑ 주어에 어울리는 be동사의 과거형을 연결해 보세요.

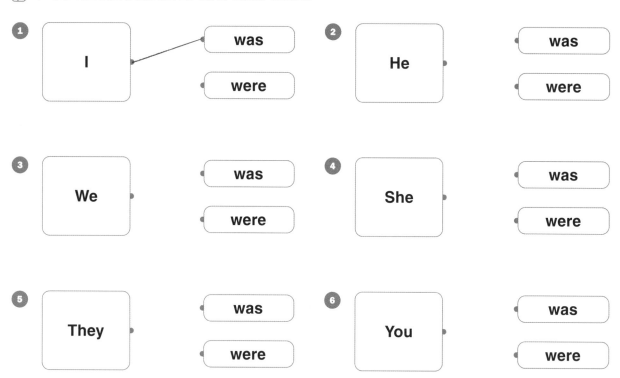

☑ be동사 과거형에 어울리는 주어를 골라 보세요.

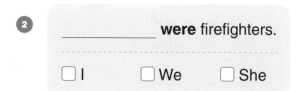

1 _____ **was** tired.

☐ I   ☐ You   ☐ We

2 _____ **were** firefighters.

☐ I   ☐ We   ☐ She

3 _____ **were** at school.

☐ You   ☐ It   ☐ He

4 _____ **was** a teacher.

☐ He   ☐ We   ☐ They

5 _____ **was** a cat.

☐ We   ☐ It   ☐ You

6 _____ **were** busy.

☐ She   ☐ I   ☐ They

✏️ 우리말에 맞게 <주어 + be 동사>를 써서 문장을 완성하세요.

1 나는 작년에 학생이었다.

→ **I was** a student last year.

2 너는 지금 학생이다.

→ a student now.

3 그는 어제 행복했다.

→ happy yesterday.

4 그녀는 오늘 행복하다.

→ happy today.

5 우리는 친구이다.

→ friends.

6 그들은 그때 친구였다.

→ friends then.

7 너는 10살이다.

→ 10 years old.

8 그들은 두 달 전에 10살이었다.

→ 10 years old two months ago.

9 그것은 탁자 위에 있었다.

→ on the table.

10 그것들은 탁자 위에 있다.

→ on the table.

문장 바꿔 쓰기

밑줄 친 부분을 주어에 어울리게 바꿔 과거형 문장을 완성하세요.

[보기]

__He is__ strong. → | __We were__ | strong.

→ 주어 We의 be동사 과거형은 were로 써요.

1 __I am__ hungry. → He _____ .
나는 배고프다. 그는 배고팠다.

2 __We are__ classmates. → They _____ .
우리는 반 친구이다. 그들은 반 친구였다.

3 __She is__ in the library. → I _____ .
그녀는 도서관에 있다. 나는 도서관에 있었다.

4 __They are__ huge. → It _____ .
그것들은 거대하다. 그것은 거대했다.

5 __You are__ too young. → He _____ .
너는 너무 어리다. 그는 너무 어렸다.

6 __He is__ in the 1st grade. → They _____ .
그는 1학년이다. 그들은 1학년이었다.

I was a farmer. 나는 농부였다.

✏️ 알맞은 우리말을 연결하세요.

1 We were **on vacation.**　　　•　　　　•　ⓐ 어제는 바람이 불었다.

2 I was **12 last month.**　　　•　　　　•　ⓑ 나는 지난달에 12살이었다.

3 It was **windy yesterday.**　　•　　　　•　ⓒ 우리는 휴가 중이었다.

✏️ 다음 문장을 우리말로 쓰세요.

1 She was **a singer.**　　　　　의미 _____

2 They were **at school.**　　　　의미 _____

✏️ 주어진 말을 이용하여 우리말에 맞게 쓰세요.

1 나는 어제 집에 있었다. **(at home, I, be, yesterday)**

➡️ _____I was at home yesterday._____

2 그는 지난밤에 아팠다. **(last night, He, sick, be)**

➡️ _____

3 그녀는 일 년 전에 선생님이었다. **(a teacher, a year ago, be, She)**

➡️ _____

4 그것들은 너무 작았다. **(be, They, too small)**

➡️ _____

Day 02

be동사 과거의 의미

혼공쌤
그림으로 기초 이해

[Today's 혼공]
오늘은 be동사의 과거가 어떤 의미로 쓰는지 배워볼 거예요.

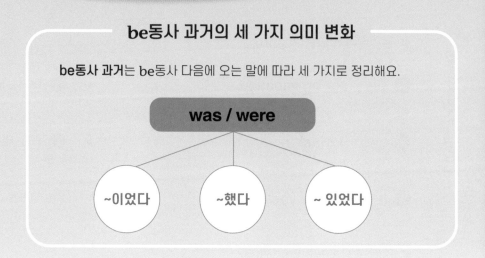

be동사 과거의 세 가지 의미 변화

be동사 과거는 be동사 다음에 오는 말에 따라 세 가지로 정리해요.

was / were

- ~이었다
- ~했다
- ~ 있었다

의미 변화 ①

He was a doctor.

그는 의사였다.

was / were + 직업, 성별, 나이, 관계, 사물: ~이었다로 해석해요.

| was were | + | 직업, 성별, 나이, 관계, 사물 | = ~이었다 |

was / were의 의미: ~이었다

was / were +			
직업 성별	I was a little **girl**.	나는 어린 **소녀**였다.
	We were **doctors**.	우리는 **의사**였다.
	They were strong **men**.	그들은 강한 **남자**였다.
나이 관계 사물	He was **10 years old** last month.	그는 지난달에 **10살**이었다.
	She was my **friend**.	그녀는 내 **친구**였다.
	It was a desk.	그것은 **책상**이었다.

They were hungry. 그들은 배고팠다.

was / were + 기분, 외모, 상태: ~했다로 해석해요.

was were	+	기분, 외모, 상태 (형용사)	= ~했다 / ~이었다

was / were의 의미: ~했다 / ~이었다			
was / were +	기분 외모 상태	I was tired . It was sunny . They were full .	나는 피곤했다. 날씨가 맑았다. 그들은 배불렀다.

She was at work. 그녀는 직장에 있었다.

was / were + 장소, 위치, 팀, 소속, 학년: ~에 있었다로 해석해요.

was were	+	장소, 위치, 팀, 소속, 학년	= ~ 있었다

was / were의 의미: ~ 있었다			
was / were +	장소 위치	I was at school . It was on the desk .	나는 학교에 있었다. 그것은 책상 위에 있었다.
	팀 소속	We were on the soccer team . They were in my class .	우리는 축구팀에 있었다. 그들은 내 반에 있었다.
	학년	He was in the 1st grade .	그는 1학년이었다.

☑ 다음 밑줄 친 be동사 과거형의 의미를 고르세요.

1	They	<u>were</u> tables.	그것들은 탁자 (였다)/ 위에 있었다 .
		<u>were</u> on the table.	그것들은 탁자 였다 / 위에 있었다 .
2	She	<u>was</u> on the 4th floor.	그녀는 4살이었다 / 4층에 있었다 .
		<u>was</u> 4 years old.	그녀는 4살이었다 / 4층에 있었다 .
3	It	<u>was</u> an umbrella.	그것은 우산 이었다 / 아래에 있었다 .
		<u>was</u> under the umbrella.	그것은 우산 이었다 / 아래에 있었다 .

☑ 우리말에 알맞은 말을 고르세요.

1	그것은 의자였다.	It was a chair / on the chair .
2	그것들은 의자 위에 있었다.	They were the chair / on the chair .
3	그녀는 행복한 선수였다.	She was happy / a happy athlete .
4	그는 행복했다.	He was happy / a happy athlete .
5	그들은 4학년이었다.	They were the 4th grade / in the 4th grade .

🖊 주어진 단어를 이용하여 우리말에 맞게 대화를 완성하세요.

1

fun

A: How was the movie?　　　　영화는 어땠어?

B: It　　was fun　　.　　그것은 재미있었어.

2

in the park

A: Where were the dogs?　　　　개들은 어디에 있었니?

B: They　　　　.　　그것들은 공원에 있었어.

3

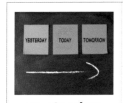
yesterday

A: When was Mia sick?　　　　언제 미아가 아팠니?

B: She　　　　.　　그녀는 어제 아팠어.

4

on the desk

A: Where were your books?　　　　네 책들은 어디에 있었니?

B: They　　　　.　　그것들은 책상 위에 있었어.

5

my brother

A: Who was at school?　　　　누가 학교에 있었니?

B:　　　　at school.　　내 남동생이 학교에 있었어.

주어진 단어를 우리말에 맞게 바르게 배열해 쓰세요.

[보기]

그는 어제 학교에 있었다.
school, He, at, was, yesterday ➔ He was │ *at school* │ yesterday.

➔ '있었다'는 의미는 장소를 나타내는 at과 함께 써요.

1 우리는 지난밤에 배고팠다.
were, last night, hungry, We ➔

2 그들은 어제 늦었다.
yesterday, late, They, were ➔

3 그녀는 작년에 학생이었다.
a student, She, last year, was ➔

4 그것들은 탁자 아래에 있었다.
were, the table, under, They ➔

5 나는 4학년이었다.
was, in, I, the 4th grade ➔

6 지난 주말에 날씨가 맑았다.
was, sunny, It, last weekend ➔

I was in the gym. 나는 체육관에 있었다.

✏️ 알맞은 우리말을 연결하세요.

1 My friend was hungry.　　　　　　　　　a 내 친구는 배고팠다.

2 You were sick yesterday.　　　　　　　　b 그녀는 방에 있었다.

3 She was in the room.　　　　　　　　　　c 너는 어제 아팠다.

✏️ 다음 문장을 우리말로 쓰세요.

1 He was 12 years old.　　　　　　　의미　_____

2 They were under the umbrella.　　의미　_____

✏️ 주어진 말을 이용하여 우리말에 맞게 쓰세요.

1 나는 일 년 전에 축구팀에 있었다. (one year ago, be, I, on the soccer team)

➡️ _I was on the soccer team one year ago._

2 그는 전에는 키가 컸다. (tall, He, be, before)

➡️ _____

3 그녀는 공원에 있었다. (in the park, be, She)

➡️ _____

4 우리는 작년에 같은 반이었다. (last year, We, in, be, the same class)

➡️ _____

1 be동사의 과거 부정문

과거에 그렇지 않았고, 어딘가에 없었다고 할 때 was not / were not인 be동사 과거 부정문으로 말해요.

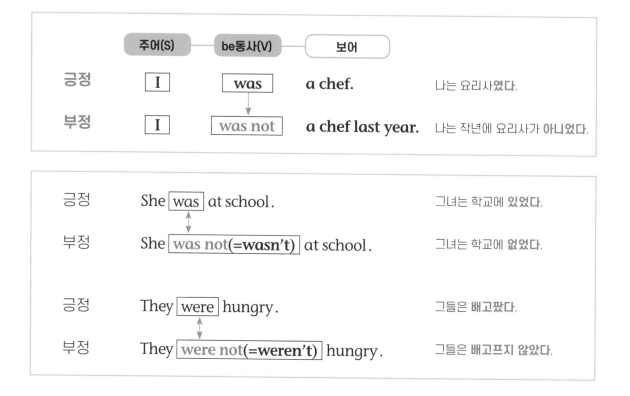

2 be동사 과거의 변화 – 부정문

be동사 과거의 부정문은 <was / were + not>으로 써요.

| She | was | a reporter. |

그녀는 기자였다.

| She | was not | a reporter. |

그녀는 기자가 **아니었다**.

부정문

It wasn't there. 그것은 거기에 없었다.

be동사 과거의 부정문은 <was / were + not>으로 나타내요.
그리고 was not은 wasn't로 were not은 weren't로 줄여 쓸 수 있어요.

주어	was / were + not
I	was not(= wasn't)
You / We / They	were not(= weren't)
He / She / It	was not(= wasn't)

* be동사 과거의 부정문은 '~ 아니었다', '~ 없었다'로 해석해요.

| He | was | a king |.

| He | was not | a king |.

그는 왕 이었다 .

그는 왕이 아니었다 .

| They | were | in the book club |.

| They | were not | in the book club |.

그들은 독서 클럽에 있었다 .

그들은 독서 클럽에 없었다 .

☑ 다음 부정문을 완성하려고 할 때 알맞은 말을 고르세요.

오늘   어제

1 It ⟨is not⟩/ was not cloudy today.

2 It is not / was not sunny yesterday.

지금   2시간 전

3 She is not / was not full now.

4 She is not / was not hungry two hours ago.

지금   어제

5 They are not / were not at home now.

6 They are not / were not in the library yesterday.

☑ 다음 부정문을 완성하려고 할 때 빈칸에 알맞은 말을 고르세요.

1 I _____ a swimmer. ☐ was not ☐ were not

2 She _____ at the concert. ☐ was not ☐ were not

3 They _____ bears. ☐ was not ☐ were not

4 He _____ in the kitchen. ☐ was not ☐ were not

5 We _____ hungry. ☐ was not ☐ were not

문장 바꿔 쓰기

✎ 다음 문장을 과거형 문장과 과거 부정문으로 바꿔 쓰세요.

① I am a nurse.
나는 간호사이다.
→
| 과거형 | I was a nurse. |
| 과거 부정문 | |

② He is too young.
그는 너무 어리다.
→
| 과거형 | |
| 과거 부정문 | |

③ They are on vacation.
그들은 휴가 중이다.
→
| 과거형 | |
| 과거 부정문 | |

④ She is in the 5th grade.
그녀는 5학년이다.
→
| 과거형 | |
| 과거 부정문 | |

⑤ They are at the cafe.
그들은 카페에 있다.
→
| 과거형 | |
| 과거 부정문 | |

⑥ It is delicious.
그것은 맛있다.
→
| 과거형 | |
| 과거 부정문 | |

✏️ 주어진 말을 이용하여 우리말에 맞게 쓰세요.

[보기]

| a doctor | ➡ | *He was not* a doctor. | 그는 의사가 아니었다. |

⤷ 주어진 말을 이용하여 우리말에 맞게 부정문으로 써요.

1 **a writer**

I _____ . 나는 작가이다.

He _____ . 그는 작가가 아니었다.

2 **stupid**

_____ 그녀는 바보였다.

_____ 그들은 바보가 아니었다.

3 **under the tree**

_____ 그것은 나무 아래에 있었다.

_____ 우리는 나무 아래에 없었다.

4 **small**

_____ two years ago. 나는 2년 전에는 작았다.

_____ two years ago. 너는 2년 전에는 작지 않았다.

5 **soccer players**

_____ 그들은 축구 선수였다.

_____ 우리는 축구 선수가 아니었다.

It wasn't in the bag. 그것은 봉투 안에 없었다.

✏️ 알맞은 우리말을 연결하세요.

1 I wasn't happy. •

• **a** 그는 4학년이 아니었다.

2 They weren't soccer players. •

• **b** 나는 행복하지 않았다.

3 He wasn't in the 4th grade. •

• **c** 그들은 축구 선수가 아니었다.

✏️ 다음 문장을 우리말로 쓰세요.

1 She wasn't full. 의미 _____

2 He wasn't at home yesterday. 의미 _____

✏️ 주어진 말을 이용하여 우리말에 맞게 쓰세요.

1 그녀는 그때 버스 정류장에 없었다. (be, She, at the bus stop)

➡️ _____She wasn't at the bus stop_____ then.

2 그는 작년에 5학년이 아니었다. (in the 5th grade, be, He)

➡️ _____ last year.

3 그들은 지난주에 바쁘지 않았다. (They, last week, busy, be)

➡️ _____

4 나는 일 년 전에 의사가 아니었다. (a doctor, I, one year ago, be)

➡️ _____

be동사의 과거 - 의문문

혼공쌤
그림으로 기초 이해

[Today's 혼공]
오늘은 누군가가 과거에
어떤 사람이었는지,
어디에 있었는지 등을
묻는 의문문을
배워볼 거예요.

1 be동사 과거 의문문

be동사 과거의 의문문은 주어와 was / were의 자리를 바꿔 써요.

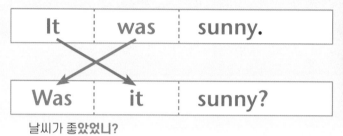

| It | was | sunny. |

| Was | it | sunny? |

날씨가 좋았었니?

의문문

Were you at home?

너는 집에 있었니?

be동사 과거의 의문문은 <Was / Were + 주어~?>로 써요.

I, he, she, it이 주어일 때		예문
Was	I, he, she, it ~?	She | was | a dentist . Was | she | a dentist ? 그녀는 치과 의사였니?

you, we, they가 주어일 때		예문
Were	you, we, they ~?	They | were | smart . Were | they | smart ? 그들은 똑똑했니?

2 be동사 과거의 의문문 - 대답

be동사 과거의 의문문 대답은 **Yes**나 **No**로 해요.

Was	he	hungry?

그는 배고팠니?

No,	he	wasn't.

아니, 그렇지 않아.

의문문

A: Were you late? <small>A: 너는 늦었니?</small>
B: Yes, I was. <small>B: 응, 그랬어.</small>

be동사 의문문의 답은 <Yes, 주어 + be동사>, <No, 주어 + be동사 + not>으로 써요.

의문문	Yes, 주어 + be동사	No, 주어 + be동사 + not
Were you a cook?	Yes, I was.	No, I wasn't.*
Was he at home? Was she at home?	Yes, he was. Yes, she was.	No, he wasn't. No, she wasn't.
Were they happy?	Yes, they were.	No, they weren't.

* Were you~? 라고 물을 때 답은 I로 해요.

* **be동사 과거의 의문문**은 '~이었니?', '~ 있었니?'로 해석해요.

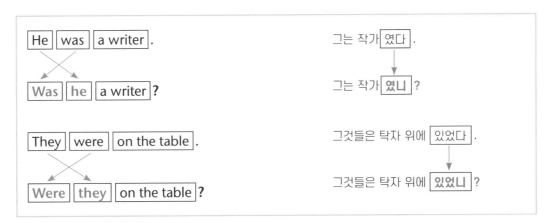

알맞은 말 고르기

☑ 다음 의문문을 완성하려고 할 때 빈칸에 알맞은 말을 고르세요.

1 ＿＿＿＿＿＿＿＿＿ a firefighter? ☐ Was you ☑ Were you

2 ＿＿＿＿＿＿＿＿＿ at the airport? ☐ Was he ☐ Were he

3 ＿＿＿＿＿＿＿＿＿ good teachers? ☐ Was they ☐ Were they

4 ＿＿＿＿＿＿＿＿＿ in the living room? ☐ Was we ☐ Were we

5 ＿＿＿＿＿＿＿＿＿ a chef? ☐ Was she ☐ Were she

☑ 다음 의문문을 완성하려고 할 때 빈칸에 알맞은 말을 고르세요.

1 ＿＿＿＿＿＿＿＿＿ in Busan last Monday? ☐ Are you ☐ Were you

2 ＿＿＿＿＿＿＿＿＿ at the airport now? ☐ Is he ☐ Was he

3 ＿＿＿＿＿＿＿＿＿ happy now? ☐ Are they ☐ Were they

4 ＿＿＿＿＿＿＿＿＿ 10 years old last week? ☐ Is she ☐ Was she

5 ＿＿＿＿＿＿＿＿＿ windy today? ☐ Is it ☐ Was it

문장 바꿔 쓰기

✏️ 다음 문장을 의문문으로 바꿔 쓰고 대답을 완성하세요.

1 He was too thin.
그는 너무 말랐었다.
→ 의문문 was he too thin?
대답 Yes, _____ .

2 You were hungry last night.
너는 지난밤에 배고팠다.
→ 의문문 _____
대답 No, _____ .

3 They were in his class.
그들은 그의 반이었다.
→ 의문문 _____
대답 Yes, _____ .

4 She was a great writer.
그녀는 위대한 작가였다.
→ 의문문 _____
대답 No, _____ .

5 It was very expensive.
그것은 매우 비쌌다.
→ 의문문 _____
대답 Yes, _____ .

6 Mia was sad yesterday.
미아는 어제 슬펐다.
→ 의문문 _____
대답 No, _____ .

Sentences 문장 완성해 쓰기

✏️ 주어진 말을 이용하여 우리말에 맞게 쓰세요.

1 a trip to Busan

It _____ .　　그것은 부산 여행이었다.

_____　　그것은 부산 여행이었니?

2 noisy

_____　　그들은 시끄러웠다.

_____　　그들은 시끄러웠니?

3 in the library

_____　　그는 도서관에 있었다.

_____　　그는 도서관에 있었니?

4 a soldier

_____　　너는 군인이었다.

_____　　너는 군인이었니?

5 on the sofa

_____　　그것들은 소파 위에 있었다.

_____　　그것들은 소파 위에 있었니?

Were you at school?

너는 학교에 있었니?

✏️ 알맞은 우리말을 연결하세요.

1 Was he **tired**?

2 Were you **a swimmer**?

3 Was it **4 years old**?

ⓐ 너는 수영선수였니?

ⓑ 그것은 4살이었니?

ⓒ 그는 피곤했니?

✏️ 다음 문장을 우리말로 쓰세요.

1 Were they **good men**?   의미 _____

2 Was she **in the kitchen**?   의미 _____

✏️ 주어진 말을 이용하여 우리말에 맞게 쓰세요.

1 그는 학교에 지각했니? (be, he, late)

→ _____was he late_____ for school?

2 그녀는 어제 화냈니? (yesterday, be, she, angry)

→ _____

3 그들은 기자였니? (they, reporters, be)

→ _____

4 너는 작년에 런던에 있었니? (in London, you, be, last year)

→ _____

01 표를 보고 주어진 단어를 이용하여 문장을 완성하세요.

	now		last year
1	11 years old	**2**	not 11 years old
3	a pilot	**4**	not a pilot

1 I _____ now.

2 I _____ last year.

3 She _____ now.

4 She _____ last year.

02 <보기>에서 알맞은 말을 찾아 우리말에 맞게 문장을 완성하세요.

보기

tired   worms   in the library

1 그는 어제 도서관에 있었니?

➡ _____ he _____ yesterday?

2 톰은 어제 피곤했니?

➡ _____ Tom _____ yesterday?

3 그것들은 지난주에는 애벌레였니?

➡ _____ they _____ last week?

03 다음 그림을 보고 우리말에 맞게 문장을 완성하세요.

1 He is a chef now. He _____ a year ago.

그는 지금 요리사이다. 그는 일 년 전에는 요리사가 아니었다.

2 I _____. I'm not sad now.

나는 슬펐다. 나는 지금은 슬프지 않다.

3 It _____ in the morning.
It is sunny now.

아침에는 화창하지 않았다. 지금은 화창하다.

4 I _____ sick. I _____ at home.

나는 아팠다. 나는 집에 있었다.

5 She is in Jeju now.
_____ last week.

그녀는 지금 제주에 있다. 그녀는 지난주에 제주에 없었다.

6 The store isn't open. It _____ yesterday.

그 가게는 열려 있지 않다. 그것은 어제 열었다.

밑줄 친 부분을 어법에 맞게 고쳐 문장 전체를 다시 쓰세요.

1 It <u>wasn't</u> cloudy now.　　　　　　지금 흐리지 않다.

➡ _____

2 Jake <u>was</u> alone. He was with me.　제이크는 혼자가 아니었다.
　　　　　　　　　　　　　　　　　　　그는 나와 있었다.

➡ _____

3 Anna <u>isn't</u> at school yesterday.　안나는 어제 학교에 없었다.

➡ _____

4 Tom and I <u>was</u> students last month.　톰과 나는 지난달에 학생이었다.

➡ _____

05 우리말에 맞게 빈칸에 알맞은 말을 써서 문장을 완성하세요.

1 The dog is big now. But it _____ a year ago.
그 개는 지금은 크다. 하지만 그것은 일 년 전에는 크지 않았다.

2 She _____ in my class last year. We _____ classmates.
그녀는 작년에 우리 반이었다. 우리는 반 친구였다.

3 It _____ rainy yesterday. So Tim _____ happy.
어제 비가 왔다. 그래서 팀은 행복하지 않았다.

06 다음 그림을 보고 대화에서 밑줄 친 부분을 어법에 맞게 고쳐 쓰세요.

1

A <u>Was you</u> a ghost at the party last night?

B Yes, I was.

_____ ➡ _____

2

A <u>Were they</u> at school now?

B No. They are at home.

_____ ➡ _____

3

A <u>Was he</u> angry now?

B No, he isn't.

_____ ➡ _____

4

A Were you in Paris last year?

B No, <u>I was</u>.

_____ ➡ _____

[1~3] 다음 표를 보고 밑줄 친 부분을 어법에 맞게 고쳐 쓰세요.

	Yesterday	Today
Sue	✓	✓
Tom	absent	✓
Jake	✓	absent

1. Tom and Sue <u>were</u> absent today. → _____

2. Tom isn't absent today.
But he <u>isn't</u> here yesterday. → _____

3. Jake <u>were</u> here yesterday. → _____

[4~7] 지문을 읽고 주어진 문장에서 어법상 어색한 부분을 찾아 바르게 고쳐 쓰세요.

It was Halloween yesterday. **4** <u>My classmates and I was at the party.</u> We were all ghosts and monsters. "Are you a monster?" asked Ann. **5** "No. <u>I was a ghost</u>," I said. **6** <u>Ann were a monster.</u> She was the real monster, the candy monster. **7** <u>Candies and chocolates was in her mouth.</u>

4. My classmates and I was at the party. _____ → _____

5. I was a ghost. _____ → _____

6. Ann were a monster. _____ → _____

7. Candies and chocolates was in her mouth. _____ → _____

[8~10] 다음 주어진 말을 이용하여 문장을 완성하세요.

8. I _____ last year, but I _____ now.
(small)   (tall)

9. He _____ before the news. He _____ now.
(happy)   (sad)

10. Ann and I _____ last year.
(in the same class)

We _____ last year.
(classmates)

[11~12] 주어진 조건에 맞도록 <보기>의 말을 이용하여 우리말을 영작하세요.

【조건】	【보기】
· be동사 문장을 쓸 것	late for school
· 보기의 단어를 두 번 활용해도 됨	in the 2nd grade
· 시제에 주의할 것	

11. 나는 작년에 2학년이었다.

→ _____ last year.

12. 그는 늘 학교에 지각한다. 하지만 어제는 늦지 않았다.

→ _____ .

But _____ yesterday.

Chapter 2
일반동사의 과거

Week 2
매일매일 스케줄

Day 01

오늘의 공부 | 일반동사의 과거

제 평가는요? ☆☆☆☆☆

월 [　　] 일 [　　] 시간 [　　]

Day 02

오늘의 공부 | 일반동사의 과거 - 불규칙 변화 / 부정문

제 평가는요? ☆☆☆☆☆

월 [　　] 일 [　　] 시간 [　　]

Day 03

오늘의 공부 | 일반동사의 과거 - 의문문

제 평가는요? ☆☆☆☆☆

월 [　　] 일 [　　] 시간 [　　]

Day 04

오늘의 공부 | be동사와 일반동사의 구별

제 평가는요? ☆☆☆☆☆

월 [　　] 일 [　　] 시간 [　　]

Day 05

오늘의 공부 | 단원 TEST / 중학 대비 TEST

제 평가는요? ☆☆☆☆☆

월 [　　] 일 [　　] 시간 [　　]

일반동사의 과거

혼공쌤
그림으로 기초 이해

[Today's 혼공]
어제 한 일을 말할 때
동사를 과거형으로
바꿔 말하는 법을
배울 거예요.

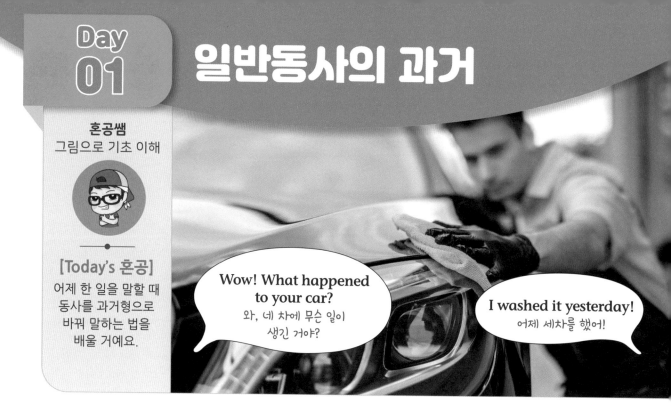

> Wow! What happened to your car?
> 와, 네 차에 무슨 일이 생긴 거야?

> I washed it yesterday!
> 어제 세차를 했어!

1 일반동사 과거

'어제, 지난밤, 작년'처럼 이미 지난 시간에 일어난 일을 나타낼 때는 일반동사를 과거형으로 변화시켜요.

어제는 걸어갔다.
평소에는 버스를 탄다.

I walked to school.　　I go to school by bus.

yesterday　　**usually**

어제는 밖에서 놀았다.
평소에는 독서를 한다.

I played outside.　　I read a book.

2 일반동사 과거형의 변화

일반동사는 시간에 어울리게 바꿔 써야 해요.

| I | cook | ramen. |

나는 라면을 요리한다.

| I | cooked | ramen. |

나는 라면을 요리했다.

사 변화

He listened to music.

그는 음악을 들었다.

일반동사 과거형은 listen → listened처럼 <동사+ed>로 써요.

시제	일반동사의 변화
현재	She watches TV.
과거	She watched TV.

* 일반동사의 모양에 따라 현재와 과거 시제를 구분할 수 있어요.

* 일반동사 과거형은 다음의 규칙으로 변화해요.

일반동사	규칙	예	
대부분의 동사	동사원형 + -ed	talk → talked want → wanted work → worked	help → helped clean → cleaned call → called
-e로 끝나는 동사	동사원형 + -d	like → liked move → moved	live → lived dance → danced
자음 + -y로 끝나는 동사	y를 i로 바꾸고 + -ed	study → studied try → tried	cry → cried
단모음 + 단자음으로 끝나는 동사	자음을 한번 더 쓰고 + -ed	stop → stopped plan → planned	drop → dropped shop → shopped

✏️ 다음 동사의 과거형을 쓰세요.

① play → _Played_

② cry → _____

③ stop → _____

④ move → _____

⑤ talk → _____

⑥ try → _____

⑦ plan → _____

⑧ dance → _____

⑨ help → _____

⑩ watch → _____

☑️ 다음 동사를 보고 밑줄 친 부분에 주의하여 알맞은 형태를 고르세요.

① clean   I | clean / cleaned | my room every day.

② call   He | calls / called | me last night.

③ study   They | study / studied | math last Friday.

④ live   We | live / lived | in London in 2000.

⑤ work   She | works / worked | at the bank now.

⑥ help   He | helps / helped | Mia yesterday.

주어진 단어를 이용하여 우리말에 맞게 문장을 완성하세요.

1 listen

I _listen_ to music every day. 나는 매일 음악을 듣는다.

He _____ to music yesterday. 그는 어제 음악을 들었다.

2 cry

It _____ last night. 그것은 지난밤에 울었다.

They _____ every night. 그것들은 매일 밤 운다.

3 play

You _____ tennis. 너는 테니스를 친다.

She _____ tennis last Friday. 그녀는 지난 금요일에 테니스를 쳤다.

4 study

We _____ every morning. 우리는 매일 아침 공부한다.

He _____ two hours ago. 그는 두 시간 전에 공부했다.

5 watch

He _____ TV at 8. 그는 8시에 TV를 본다.

She _____ TV yesterday. 그녀는 어제 TV를 봤다.

Sentences 문장 고쳐 쓰기

밑줄 친 부분을 어법에 맞게 고친 뒤 문장을 다시 쓰세요.

[보기]

He <u>cry</u> a lot yesterday. ➡ He **cried** a lot yesterday.

↳ 동사 cry는 과거형인 cried로 고쳐 써야 해요.

1 I <u>studied</u> hard every day. ➡

나는 매일 열심히 공부한다.

2 He <u>like</u> cake before. ➡

그는 예전에는 케이크를 좋아했다.

3 She <u>drop</u> her bag then. ➡

그녀는 그때 그녀의 가방을 떨어뜨렸다.

4 They <u>live</u> in Jeju 10 years ago. ➡

그들은 10년 전에 제주에 살았다.

5 We <u>watched</u> a movie every Friday. ➡

우리는 금요일마다 영화를 본다.

6 He <u>call</u> me last Tuesday. ➡

그는 지난 화요일에 내게 전화를 했다.

 **I washed my hands.** 나는 내 손을 씻었다.

알맞은 우리말을 연결하세요.

❶ He lived in London. •   • ⓐ 그녀는 세차를 했다.

❷ I watched TV yesterday. •   • ⓑ 그는 런던에 살았다.

❸ She washed a car. •   • ⓒ 나는 어제 TV를 봤다.

다음 문장을 우리말로 쓰세요.

❶ It cried at night.   의미 _____

❷ They cooked ramen.   의미 _____

주어진 말을 이용하여 우리말에 맞게 쓰세요.

❶ 나는 수학을 공부했다. (math, study, I)

→ _____ I studied math. _____

❷ 그는 작년에 은행에서 일했다. (work, last year, He, at the bank)

→ _____

❸ 그녀는 식사 전에 그녀의 손을 씻었다. (wash, her hands, She)

→ _____ before meal.

❹ 그들은 아픈 사람들을 도왔다. (sick people, help, They)

→ _____

혼공쌤
그림으로 기초 이해

[Today's 혼공]
오늘은 동사의
과거형이 불규칙하게
변화하는 것을
배워볼 거예요.

1 일반동사 과거형

일부 일반동사는 과거형이 불규칙하게 변화해요.

| He | goes | shopping. |

그는 쇼핑하러 **간다**.

| He | went | shopping. |

그는 쇼핑하러 **갔다**.

과거형

She ate some cake.

그녀는 케이크를 좀 먹었다.

일반동사 과거형이 **불규칙**하게 **변화**하는 일반동사들은 다음과 같아요.

불규칙 변화		
형태가 같은 동사	read → **read** put → **put**	cut → **cut** hit → **hit**
형태가 다르게 변하는 동사	eat → **ate** go → **went** come → **came** see → **saw** run → **ran** write → **wrote** tell → **told** make → **made**	drink → **drank** do → **did** ride → **rode** meet → **met** take → **took** draw → **drew** buy → **bought** have → **had**

> 일반동사 과거형은
> 대부분 〈동사＋ed〉
> 이지만 불규칙하게
> 변화하는 동사들은
> 따로 기억해야 해요!

> 과거를 나타내는
> 표현에 주의해요.
> yesterday, ~ ago,
> last year,
> 〈in＋연도〉

She **wrote** a new story last year.
We **had** lunch together yesterday.
I **read** the book two hours ago.

그녀는 작년에 새로운 이야기를 **썼다**.
우리는 어제 점심을 같이 **먹었다**.
나는 두 시간 전에 그 책을 **읽었다**.

2 일반동사 과거의 부정문

일반동사 과거의 부정문은 동사 앞에 **did not**(= didn't)을 써요.

I	saw	a movie.

↓

I	did not see	a movie.

나는 영화를 보지 **않았다**.

부정문 ①

I did not buy a cup.

나는 컵을 사지 않았다.

일반동사 과거의 부정문은 동사 앞에 **did not**을 써요.

부정문	예문
주어 + did not + 동사	She ⬚rode⬚ a bike last Tuesday. She ⬚did not ride(= didn't ride)⬚ a bike last Tuesday. 그녀는 지난 화요일에 자전거를 **타지 않았다**.

* did not → didn't로 줄여 써요.

부정문 ②

He didn't (live / ~~lived~~) there.

그는 거기에 살지 않았다.

일반동사 과거의 부정문에서 did not 다음에 **동사는 기본 형태 그대로** 써요.

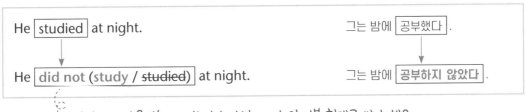

He ⬚studied⬚ at night.   그는 밤에 ⬚공부했다⬚.

He ⬚did not (study / ~~studied~~)⬚ at night.   그는 밤에 ⬚공부하지 않았다⬚.

did not 다음에는 studied가 아닌 study인 기본 형태로 써야 해요.

✏️ 다음 동사의 과거형을 쓰세요.

①	go	➡	__went__	②	take	➡ _____
③	see	➡ _____	④	ride	➡ _____
⑤	write	➡ _____	⑥	do	➡ _____
⑦	make	➡ _____	⑧	read	➡ _____
⑨	get	➡ _____	⑩	buy	➡ _____

☑️ 다음 부정문을 완성하려고 할 때 빈칸에 알맞은 말을 고르세요.

① I _____ breakfast.　　☐ did not eat　☐ did not ate

② It _____ home.　　☐ did not came　☐ did not come

③ They _____ English.　　☐ did not study　☐ did not studied

④ He _____ in the library.　　☐ did not slept　☐ did not sleep

⑤ She _____ up at 10.　　☐ did not got　☐ did not get

✏️ 주어진 단어를 이용하여 우리말에 맞게 문장을 완성하세요.

1 go

I ⟨went⟩ to school yesterday. 나는 어제 학교에 갔다.

He _____ to school yesterday. 그는 어제 학교에 가지 않았다.

2 see

We _____ a movie. 우리는 영화를 봤다.

They _____ a movie. 그들은 영화를 보지 않았다.

3 read

You _____ the book then. 너는 그때 그 책을 읽었다.

She _____ the book then. 그녀는 그때 그 책을 읽지 않았다.

4 drink

We _____ coffee. 우리는 커피를 마셨다.

He _____ coffee. 그는 커피를 마시지 않았다.

5 do

He _____ his homework. 그는 그의 숙제를 했다.

She _____ her homework. 그녀는 그녀의 숙제를 하지 않았다.

✏️ 다음 문장을 과거형 문장과 과거 부정문으로 바꿔 쓰세요.

1 I walk to school.
나는 학교에 걸어간다. →

과거형 I walked to school.

과거 부정문

2 He has breakfast.
그는 아침을 먹는다. →

과거형

과거 부정문

3 She does the dishes at 8.
그녀는 8시에 설거지를 한다. →

과거형

과거 부정문

4 It flies high.
그것은 높이 난다. →

과거형

과거 부정문

5 They ride bikes after school.
그들은 방과 후에 자전거들을 탄다. →

과거형

과거 부정문

6 We like candies.
우리는 캔디를 좋아한다. →

과거형

과거 부정문

He didn't live here. 그는 여기에 살지 않았다.

🖋 알맞은 우리말을 연결하세요.

❶ They didn't have lunch. •

• ⓐ 그녀는 일찍 자지 않았다.

❷ He didn't play soccer. •

• ⓑ 그들은 점심을 먹지 않았다.

❸ She didn't sleep early. •

• ⓒ 그는 축구를 하지 않았다.

🖋 다음 문장을 우리말로 쓰세요.

❶ I didn't do my homework.　　의미 ＿＿＿＿＿＿＿＿＿＿＿＿＿＿＿＿＿

❷ We didn't live there.　　의미 ＿＿＿＿＿＿＿＿＿＿＿＿＿＿＿＿＿

🖋 주어진 말을 이용하여 우리말에 맞게 쓰세요.

❶ 그것은 공원으로 가지 않았다. (It, to the park, go)

➡ ＿＿＿＿＿*It didn't go to the park.*＿＿＿＿＿

❷ 그는 설거지를 하지 않았다. (do, He, the dishes)

➡ ＿＿＿＿＿＿＿＿＿＿＿＿＿＿＿＿＿＿＿＿＿＿＿＿

❸ 그녀는 야채를 먹지 않았다. (vegetables, eat, She)

➡ ＿＿＿＿＿＿＿＿＿＿＿＿＿＿＿＿＿＿＿＿＿＿＿＿

❹ 그들은 우유를 마시지 않았다. (milk, They, drink)

➡ ＿＿＿＿＿＿＿＿＿＿＿＿＿＿＿＿＿＿＿＿＿＿＿＿

Day 03 일반동사의 과거 - 의문문

혼공쌤
그림으로 기초 이해

[Today's 혼공]
지난 일을 물을 때 사용하는 의문문의 형태를 배워봐요.

1 일반동사 과거의 의문문

일반동사 과거의 의문문은 문장 앞에 **Did**를 써요.

> They ate breakfast.
> ↓
> Did | they eat breakfast?

그들은 아침을 먹었니?

의문문 ①

Did you cook well?

너는 요리를 잘 했니?

일반동사의 의문문은 주어 앞에 <Did + 주어~?>로 써요.

| He played | soccer yesterday. | 그는 어제 축구를 했다 . |
| Did | he play | soccer yesterday? | 그는 어제 축구를 했니 ? |

의문문 ②

Did he (h̶a̶d̶ / have) a car?

그는 차가 있었니?

일반동사의 의문문에서 <Did + 주어> 다음에 **동사는 기본 형태 그대로** 써요.

| She liked | music before. | 그녀는 전에 음악을 좋아했다 . |
| Did | she (like / l̶i̶k̶e̶d̶) | music before? | 그녀는 전에 음악을 좋아했니 ? |

2 일반동사 과거의 의문문 – 대답

일반동사의 의문문 답은 **Yes**나 **No**로 해요.

Did	he	help Mia?

그는 미아를 도왔니?

Yes,	he	did.

그래, 맞아.

의문문 ③

A: Did he cry at night?
B: Yes, he did.

A: 그는 밤에 울었니?   B: 응, 그랬어.

일반동사 의문문의 답은 <Yes, 주어 + did>나 <No, 주어 + didn't>로 써요.

의문문	Yes, 주어 + did	No, 주어 + didn't
Did you bake cookies?	Yes, I did. Yes, we did.	No, I didn't.* No, we didn't.*
Did we write emails? Did they write emails?	Yes, we did. Yes, they did.	No, we didn't. No, they didn't.
Did he see movies? Did she see movies?	Yes, he did. Yes, she did.	No, he didn't. No, she didn't.

* you(너, 너희들)로 물으면 I, we(나, 우리)로 답해요.

* 의문문에 Yes / No로 대답하고, 그 뒤에 자세한 내용을 더 말할 수 있어요.

A: Did he read a book ?
그는 책을 읽었니?

B: No, he didn't . He listened to music .
아니, 그렇지 않아. 그는 음악을 들었어.

☑ 다음 의문문을 완성하려고 할 때 빈칸에 알맞은 말을 고르세요.

1 _____ breakfast?   ☑ Did they eat   ☐ Did they ate

2 _____ meat?   ☐ Did you like   ☐ Did you liked

3 _____ English?   ☐ Did he speak   ☐ Did he spoke

4 _____ a class?   ☐ Did she had   ☐ Did she have

5 _____ at night?   ☐ Did it slept   ☐ Did it sleep

☑ 다음 의문문의 대답으로 알맞은 것을 고르세요.

1 Did he play the piano?   ☐ Yes, he did.   ☐ Yes, he didn't.

2 Did she have a dog?   ☐ No, she did.   ☐ No, she didn't.

3 Did you work at home?   ☐ Yes, I did.   ☐ Yes, I didn't.

4 Did they do the dishes?   ☐ No, they did.   ☐ No, they didn't.

5 Did it fly fast?   ☐ Yes, it did.   ☐ Yes, it didn't.

주어진 단어를 이용하여 우리말에 맞게 대화를 완성하세요.

1

like

A: Did you like music before?   너는 전에 음악을 좋아했니?

B: Yes, I did .   그래, 맞아.

2

teach

A: English?   그는 영어를 가르쳤니?

B: Yes, he did.   그래, 맞아.

3

go

A: Did she go home early?   그녀는 일찍 집에 갔니?

B: No,   .   아니, 그렇지 않아.

4

make

A: a pizza then?   그들은 그때 피자를 만들었니?

B: Yes, they did.   그래, 맞아.

5

write

A: Did she write a new story?   그녀는 새 이야기를 썼니?

B: No,   .   아니, 그렇지 않아.

✏️ 다음 문장을 의문문으로 바꾼 뒤 대답을 쓰세요.

1 You planned a surprise party.
너는 깜짝 파티를 계획했다. ➡️

Did you plan a surprise party?

Yes,   .

2 He had dinner at 8.
그는 8시에 저녁을 먹었다. ➡️

No,   .

3 She dropped the ball.
그녀는 공을 떨어뜨렸다. ➡️

Yes,   .

4 It cried all day long.
그것은 하루 종일 울었다. ➡️

No,   .

5 They rode bikes after school.
그들은 방과 후에 자전거를 탔다. ➡️

Yes,   .

6 They helped your sister.
그들은 너의 여동생을 도왔다. ➡️

No,   .

Did you make a pizza? 너는 피자를 만들었니?

✎ 알맞은 우리말을 연결하세요.

① Did you **win the game?**   •   •   ⓐ 그는 그 책을 썼니?

② Did she **jump rope?**   •   •   ⓑ 너는 게임을 이겼니?

③ Did he **write the book?**   •   •   ⓒ 그녀는 줄넘기를 했니?

✎ 다음 문장을 우리말로 쓰세요.

① Did they **have breakfast?**   의미 _____

② Did it **sleep at night?**   의미 _____

✎ 주어진 말을 이용하여 우리말에 맞게 쓰세요.

① 너는 피아노를 연주했니? (play, you, the piano)

→ *Did you play the piano?*

② 그것은 빠르게 날았니? (fly, it, fast)

→ _____

③ 그녀는 학교에 갔니? (to school, go, she)

→ _____

④ 그들은 요리를 잘 했니? (well, they, cook)

→ _____

be동사와 일반동사 구별

혼공쌤
그림으로 기초 이해

[Today's 혼공]
과거에 있었던 일을
be동사로 말할지
아니면 일반동사로
말할지 구별하는 법을
배워볼 거예요.

> **Why were you late?**
> 너는 왜 늦었니?

> **I'm sorry.**
> **I got up late.**
> 미안해. 늦게 일어났어.

1 be동사와 일반동사 시제

현재 시제 현재의 사실이나 습관이나 현재의 일을 나타낼 때 현재 시제를 써요.

현재 시제의 동사 변화			
주어	be 동사	주어	일반동사
I	am	I, You, We, They	work
You, We, They	are		
He, She, It	is	He, She, It	works

She **is** a firefighter. 그녀는 소방관이다.
He **works** at the bank. 그는 은행에서 일한다.

과거 시제 과거의 사실이나 일을 나타낼 때 과거 시제를 써요.

과거 시제의 동사 변화			
주어	be 동사	주어	일반동사
I, He, She, It	was	I, You, We, They	worked
You, We, They	were	He, She, It	

She **was** a firefighter. 그녀는 소방관이었다.
He **worked** at the bank. 그는 은행에서 일했다.

2 동사와 시제 구별하기

동사는 의미와 시제에 맞게 써야 해요.

| I | was | a chef. |

나는 요리사**였다**.

| I | worked | at a restaurant. |

나는 식당에서 **일했다**.

동사 변화

He was a pilot. 그는 조종사였다.
He flew a plane. 그는 비행기를 조종했다.

동사가 **be동사**인지, **일반동사**인지 먼저 생각하고 시제를 골라야 해요.

현재 시제	과거 시제
be동사: ~이다 / ~ 있다 일반동사: ~하다	be동사: ~였다 / ~ 있었다 일반동사: ~했다
She is a soccer player. 그녀는 축구 선수**이다**.	She was in the library. 그녀는 도서관에 **있었다**.
She plays soccer well. 그녀는 축구를 잘**한다**.	She studied in the library. 그녀는 도서관에서 공부**했다**.
They are happy. 그들은 행복**하다**.	They were sick yesterday. 그들은 어제 아**팠다**.
He helps sick people. 그는 아픈 사람들을 **돕는다**.	He rode a bike. 그는 자전거를 **탔다**.

☑ 문장을 보고 알맞은 우리말을 고르세요.

1 He was hungry.
- [ ] 그는 배고프다.
- [x] 그는 배고팠다.

2 He ate chocolate.
- [ ] 그는 초콜릿을 먹는다.
- [ ] 그는 초콜릿을 먹었다.

3 They are in the library.
- [ ] 그들은 도서관에 있다.
- [ ] 그들은 도서관에 있었다.

4 She studies in the library.
- [ ] 그녀는 도서관에서 공부한다.
- [ ] 그녀는 도서관에서 공부했다.

5 She worked at the hospital.
- [ ] 그녀는 병원에서 일한다.
- [ ] 그녀는 병원에서 일했다.

☑ 우리말에 알맞은 말을 고르세요.

1 그는 피곤하다.
He is / was tired.

2 그는 피곤함을 느꼈다.
He feels / felt tired.

3 나는 학교에 있다.
I am / was at school.

4 나는 학교에 간다.
I go / went to school.

5 그들은 가수였다.
They are / were singers.

6 그들은 빨리 달렸다.
They run / ran fast.

7 그녀는 선생님이었다.
She is / was a teacher.

8 그녀는 영어를 가르쳤다.
She teaches / taught English.

주어진 단어를 이용하여 우리말에 맞게 문장을 완성하세요.

1

| be | It _____ was _____ a turtle. | 그것은 거북이었다. |
| have | I _____ a turtle. | 나는 거북이가 있었다. |

2

| be | They _____ students. | 그들은 학생들을 봤다. |
| see | They _____ students. | 그들은 학생이었다. |

3

| be | She _____ a soccer player. | 그녀는 축구 선수였다. |
| meet | She _____ a soccer player. | 그녀는 축구 선수를 만났다. |

4

| be | He _____ in the library. | 그는 도서관에 있었다. |
| study | He _____ in the library. | 그는 도서관에서 공부했다. |

5

| be | They _____ eggs. | 그들은 달걀을 샀다. |
| buy | They _____ eggs. | 그것들은 달걀이었다. |

Sentences 문장 배열해 쓰기

주어진 단어를 우리말에 맞게 바르게 배열해 쓰세요.

[보기]

그는 집에 있었다.
home, He, at, was → He │ was *at home* │ .

┄┄> 'at'과 장소를 같이 써서
어디에 있는지 표현할 수 있어요.

1 그들은 10년 전에 요리사였다.
were, cooks, They, 10 years ago →

2 그들은 한식을 요리했다.
Korean foods, cooked, They →

3 우리는 나무를 심는다.
plant, We, trees →

4 우리는 나무 아래에 있다.
are, We, the tree, under →

5 그녀는 야채와 빵을 샀다.
She, vegetables and bread, bought →

6 그녀는 쇼핑몰에 있었다.
at, She, was, the mall →

I was a doctor. 나는 의사였다.
I worked in a hospital. 나는 병원에서 일했다.

Sentence 익히기

✏️ 알맞은 우리말을 연결하세요.

1 He liked fashion. •
2 They were shoppers. •
3 I went shopping. •

• a 그들은 쇼핑하는 사람들이었다.
• b 나는 쇼핑하러 갔다.
• c 그는 패션을 좋아했다.

✏️ 다음 문장을 우리말로 쓰세요.

1 She was in the library.　의미 _____

2 He went to the library.　의미 _____

Sentence 써보기

✏️ 주어진 말을 이용하여 우리말에 맞게 쓰세요.

1 나는 경찰서에서 일했다. (the police station, I, work, at)

➡ _____I worked at the police station._____

2 그것은 빨리 움직였다. (move, It, fast)

➡ _____

3 그것은 빠른 토끼였다. (a fast rabbit, be, It)

➡ _____

4 그들은 피곤함을 느꼈다. (tired, They, feel)

➡ _____

01 그림을 보고 단어를 이용하여 과거형 문장을 완성하세요.

1 He _____ his leg. (hurt)

2 She _____ milk. (buy)

3 We _____ together in the hall. (sing)

4 They _____ cookies. (eat)

02 <보기>의 단어를 이용하여 우리말에 맞게 문장을 완성하세요.

보기

| sleep | do | walk |

1 그는 어제 학교에 걸어갔다.

➡ He _____ to school yesterday.

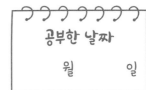
2 톰은 10시간 동안 잤다.

➡ Tom _____ for 10 hours.

3 그녀는 방과 후에 그녀의 숙제를 했다.

➡ She _____ her homework after school.

03 Alice가 지난주에 한 일을 나타낸 표를 보고 질문에 알맞은 대답을 완성하세요.

Mon.	Tue.	Wed.	Thur.	Fri.
go to the library	math test	meet Nicole	study English	go shopping with mom
study math	play the piano	go to the movies	watch TV	do nothing

1 A Did Alice study English last Monday?

B _____, she _____. She _____ math.

2 A Did Alice have a math test last Tuesday?

B _____, she _____. After the test, she _____.

3 A Did Alice meet Nicole last Wednesday?

B _____, she _____. And she _____.

4 A Did Alice go shopping with her mom last Thursday?

B _____, she _____. She studied English and _____.

5 A Did Alice play tennis after shopping last Friday?

B _____, she _____. She _____ nothing.

밑줄 친 부분을 어법에 맞게 고친 뒤 문장을 다시 쓰세요.

1 She <u>didn't caught</u> the ball.   그녀는 공을 잡지 않았다.

➡ _____

2 <u>Do they eat</u> chocolate last night?   그들은 지난 밤에 초콜릿을 먹었니?

➡ _____

3 It <u>eated</u> vegetables a lot.   그것은 채소를 많이 먹었다.

➡ _____

4 Did Ann <u>reads</u> many books?   앤은 많은 책을 읽었니?

➡ _____

05 우리말에 맞게 빈칸에 알맞은 말을 써서 대화를 완성하세요.

1 A _____ it _____ a lot yesterday? 어제 눈이 많이 왔니?

   B Yes, it _____. 그래, 맞아.

2 A _____ Sue _____ for the test last night? 수는 지난밤에 시험 공부를 했니?

   B No, she _____. 아니, 그렇지 않아.

3 A _____ Jake _____ a new car? 제이크는 새 차를 샀니?

   B _____, he _____. 그래, 맞아.

06 주어진 단어를 이용하여 지시에 맞게 문장을 쓰세요.

1 breakfast, He, have, at 8

➡ (현재문장) _____

➡ (과거문장) _____

➡ (과거의문문) _____

➡ (과거부정문) _____

2 meet, Your sister, her friends, in the library

➡ (현재문장) _____

➡ (과거문장) _____

➡ (과거의문문) _____

➡ (과거부정문) _____

3 tennis, They, after school, play

➡ (현재문장) _____

➡ (과거문장) _____

➡ (과거의문문) _____

➡ (과거부정문) _____

4 clean, Mina, her room

➡ (현재문장) _____

➡ (과거문장) _____

➡ (과거의문문) _____

➡ (과거부정문) _____

중학 대비 TEST
일반동사의 과거

( )학년 ( )반 ( )번 이름 ( )

[1~4] 다음 표를 보고 주어진 단어를 이용하여 대화를 완성하세요.

	Every day	Yesterday
I	English	math
Sue	piano	grandparents
Sue and Tim	soccer	camping

1. (study) **A** _____ you _____ English yesterday?

   B _____, I _____. I _____ yesterday.

2. (play) **A** _____ Sue _____ the piano every day?

   B _____, she _____.

3. (visit) **A** _____ Sue _____ the museum yesterday?

   B _____, she _____. She _____.

4. (go) **A** _____ Sue and Tim _____ camping yesterday?

   B _____, they _____.

[5~8] 다음 지문을 읽고 주어진 문장에서 어법상 어색한 부분을 찾아 바르게 고친 뒤 문장을 다시 쓰세요.

There was a car accident. **5** <u>The driver drived the car too fast.</u> **6** <u>He weared a seat belt.</u> **7** <u>So he doesn't hurt too badly.</u> Someone called 112. **8** But <u>the police didn't came quickly.</u>

5. The driver drived the car too fast. → _____

6. He weared a seat belt. → _____

7. So he doesn't hurt too badly. → _____

8. the police didn't came quickly → _____

[9~11] 주어진 단어를 이용하여 우리말에 맞게 문장을 완성하세요.

9. 그는 6시에 산책을 했다. 그리고 그는 8시에 출근했다. (take, go)

   He _____ a walk at 6. And he _____ to work at 8.

10. 그녀는 축구를 했다. 그녀는 시험 공부를 하지 않았다. (play, study)

   She _____ soccer. She _____ for the test.

11. 그들은 올해는 김치를 만들지 않았다. 그들은 어제 그것을 샀다. (make, buy)

   They _____ kimchi this year. They _____ it yesterday.

[12~15] 주어진 조건에 맞도록 <보기>의 말을 이용하여 영작하세요.

【조건】	【보기】		
· She로 문장을 시작할 것	To-do list		
· 모두 과거 문장으로 완성할 것	12	Buy tomatoes	✓
	13	Meet Susan	✓
	14	Call Mom	✗
	15	Do my homework	✓

12. _____

13. _____

14. _____

15. _____

Chapter 3

진행형

Week 3

Day 01

오늘의 공부   **현재 진행**

제 평가는요?
☆ ☆ ☆ ☆ ☆

월 [ ]   일 [ ]   시간 [ ]

Day 02

오늘의 공부   **현재 진행** - 부정문 / 의문문

제 평가는요?
☆ ☆ ☆ ☆ ☆

월 [ ]   일 [ ]   시간 [ ]

Day 03

오늘의 공부   **과거 진행**

제 평가는요?
☆ ☆ ☆ ☆ ☆

월 [ ]   일 [ ]   시간 [ ]

Day 04

오늘의 공부   **과거 진행** - 부정문 / 의문문

제 평가는요?
☆ ☆ ☆ ☆ ☆

월 [ ]   일 [ ]   시간 [ ]

Day 05

오늘의 공부   **단원 TEST / 중학 대비 TEST**

제 평가는요?
☆ ☆ ☆ ☆ ☆

월 [ ]   일 [ ]   시간 [ ]

현재 진행

혼공쌤
그림으로 기초 이해

[Today's 혼공]
지금도 하고 있고
끝나지 않은 일을
말하는 진행형을
만드는 법을
배워봐요.

What is he doing?
그는 뭘 하고 있니?

Well... He's studying.
음... 그는 공부하고 있어.

1 현재 진행형

현재 시제가 늘 하는 일이나 현재의 사실을 나타낸다면 현재 진행형은 지금 일어나고 있는 일을 말해요.

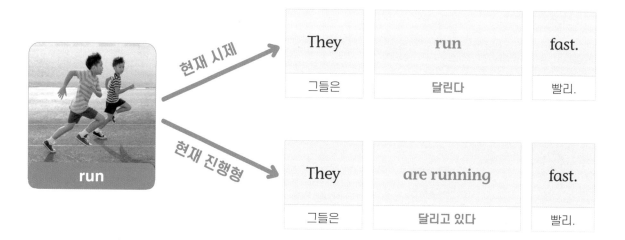

현재 시제		
They	run	fast.
그들은	달린다	빨리.

현재 진행형		
They	are running	fast.
그들은	달리고 있다	빨리.

현재형	현재 진행형
be동사 현재형 / 일반동사 현재형	be동사 현재형 + 동사원형 + -ing
I study every day. 나는 매일 공부한다.	I am studying now. 나는 지금 공부하고 있다.

2 현재 진행형의 변화

be동사는 주어에 어울리게 바꿔 써야 해요.

| I | play | soccer. |

나는 축구를 한다.

↓

| I | am playing | soccer. |

나는 축구를 하고 있다.

진행형

He is working now.

그는 지금 일하고 있다.

현재 진행형은 <be동사 + 동사원형 + -ing>로 주어에 맞게 be동사를 써요.

주어	be동사 + 동사원형-ing	
I	am	
You / We / They	are	singing.
He / She / It	is	

* 현재 진행형의 <동사원형 + -ing>로 만드는 규칙은 다음과 같아요.

일반동사	규칙	예
대부분의 동사	동사원형 + -ing	read → reading cook → cooking study → studying
자음 + -e로 끝나는 동사	마지막 e를 없애고 + -ing	come → coming write → writing dance → dancing
단모음 + 단자음으로 끝나는 동사	자음을 한번 더 쓰고 + -ing	run → running cut → cutting swim → swimming

✎ 다음 동사를 주어에 어울리게 현재 진행형으로 바꿔 쓰세요.

① walk ➡ He _is walking_

② run ➡ I _____

③ make ➡ She _____

④ do ➡ You _____

⑤ sit ➡ They _____

⑥ move ➡ It _____

⑦ eat ➡ He _____

⑧ play ➡ We _____

⑨ go ➡ We _____

⑩ swim ➡ It _____

☑ 우리말을 보고 빈칸에 알맞은 말을 고르세요.

① 나는 매일 거기에 간다.
I _____ there every day.
☐ go ☐ am going

② 그녀는 지금 진을 돕고 있다.
She _____ Jin now.
☐ helps ☐ is helping

③ 그들은 빠르게 운전하고 있다.
They _____ fast.
☐ drive ☐ are driving

④ 그는 8시에 TV를 본다.
He _____ TV at 8.
☐ watches ☐ is watching

⑤ 우리는 축구를 하고 있다.
We _____ soccer.
☐ play ☐ are playing

주어진 단어를 이용하여 우리말에 맞게 문장을 완성하세요.

1

walk

I **walk** to school. 나는 학교에 걸어서 간다.

He _____ to school. 그는 학교에 걸어가고 있다.

2

swim

It _____ very well. 그것은 수영을 아주 잘한다.

They _____ in the sea. 그들은 바다에서 수영하고 있다.

3

come

He _____ here now. 그는 지금 여기로 오고 있다.

She _____ home at five. 그녀는 5시에 집에 온다.

4

drink

We _____ milk every day. 우리는 매일 우유를 마신다.

I _____ milk. 나는 우유를 마시고 있다.

5

sleep

He _____ after lunch. 그는 점심 식사 후에 잔다.

She _____ in the bed. 그녀는 침대에서 자고 있다.

🖊 밑줄 친 부분을 우리말에 맞게 바꾼 뒤 문장을 다시 쓰세요.

【보기】

He **makes** a pizza. ➡ He [*is making*] a pizza.

그는 피자를 만들고 있다.

주어가 He이므로 be동사 is를 사용해 is making이라고 고쳐 써야 해요.

① I <u>sing</u> very well. ➡

나는 노래를 아주 잘 부르고 있다.

② He <u>has</u> breakfast now. ➡

그는 지금 아침밥을 먹고 있다.

③ She <u>plays</u> a board game. ➡

그녀는 보드게임을 하고 있다.

④ They <u>listen</u> to their teacher. ➡

그들은 그들의 선생님 말씀을 듣고 있다.

⑤ We <u>cook</u> dinner together. ➡

우리는 함께 저녁을 요리하고 있다.

⑥ It <u>rains</u> outside now. ➡

지금 밖에 비가 오고 있다.

He is wearing glasses.
그는 안경을 쓰고 있다.

✏️ 알맞은 우리말을 연결하세요.

❶ He is coming home. •　　　• ⓐ 나는 지금 TV를 보고 있다.

❷ I am watching TV now. •　　　• ⓑ 그는 집에 오고 있다.

❸ She is walking to school. •　　　• ⓒ 그녀는 학교에 걸어가고 있다.

✏️ 다음 문장을 우리말로 쓰세요.

❶ You are drinking water. 　의미　_____

❷ It is swimming in the sea. 　의미　_____

✏️ 주어진 말을 이용하여 우리말에 맞게 쓰세요.

❶ 나는 세차하고 있다. (a car, wash, I)

➡️ _____I am washing a car._____

❷ 그는 침대에서 자고 있다. (sleep, He, in the bed)

➡️ _____

❸ 그녀는 지금 피아노 연주를 하고 있다. (play, She, the piano)

➡️ _____ now.

❹ 그들은 부엌에서 요리하고 있다. (cook, They, in the kitchen)

➡️ _____

Day 02 현재 진행 - 부정문 / 의문문

혼공쌤
그림으로 기초 이해

[Today's 혼공]
앞서 배운
현재 진행형을
부정문과 의문문으로
어떻게 바꿔 말할 수
있는지 배워 보아요.

1 현재 진행형 - 부정문

현재 진행형의 부정문은 <be동사 + not + -ing>로 써요.

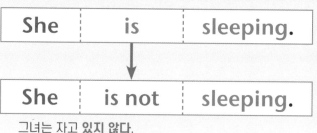

그녀는 자고 있지 않다.

부정문

He is not studying. 그는 공부하고 있지 않다.

현재 진행형 부정문은 <am, are, is + not>을 쓰고 -ing를 이어 쓰면 돼요.

주어	be동사 + not + -ing
I	am not swimming.
You / We / They	are not(= aren't) having lunch.
He / She / It	is not(= isn't) jumping high.

* 현재 진행형 부정문은 '(지금) ~하고 있지 않다'로 해석해요.

He is dancing. → He is not dancing.
그는 춤추고 있다. → 그는 춤추고 있지 않다.

They are cooking dinner. → They are not cooking dinner.
그들은 저녁을 요리하고 있다. → 그들은 저녁을 요리하고 있지 않다.

2 현재 진행형 – 의문문

현재 진행형 의문문은 <Am, Is, Are + 주어 + -ing~?>로 써요.

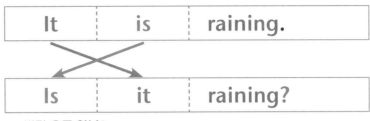

| It | is | raining. |

| Is | it | raining? |

비가 오고 있니?

의문문

Is he crying? 그는 울고 있니?

현재 진행형 의문문은 주어와 am, is, are 자리를 바꿔 쓰며, '(지금) ~하고 있니?'로 해석해요.

She | is | drinking milk .

Is | she | drinking milk ?

그녀는 우유를 마시고 있다 .

그녀는 우유를 마시고 있니 ?

They | are | flying fast .

Are | they | flying fast ?

그것들은 빠르게 날고 있다 .

그것들은 빠르게 날고 있니 ?

* 현재 진행형 의문문의 답은 <Yes, 주어 + be동사>, <No, 주어 + be동사 + not>으로 써요.

의문문	Yes, 주어 + be동사	No, 주어 + be동사 + not
Are you sleeping?	Yes, I am.	No, I'm not.*
Is he singing? Is she singing?	Yes, he is. Yes, she is.	No, he isn't. No, she isn't.
Are they studying?	Yes, they are.	No, they aren't.

* Are you~? 라고 물을 때 답은 I로 해요.

☑ 다음 부정문을 완성하려고 할 때 빈칸에 알맞은 말을 고르세요.

① I _____ my room.
- ☑ am not cleaning
- ☐ are not cleaning

② She _____ now.
- ☐ is not sleeping
- ☐ are not sleeping

③ They _____ at me.
- ☐ is not smiling
- ☐ are not smiling

④ He _____ glasses.
- ☐ am not wearing
- ☐ is not wearing

⑤ We _____ a book.
- ☐ is not reading
- ☐ are not reading

☑ 다음 의문문을 완성하려고 할 때 빈칸에 알맞은 말을 고르세요.

① _____ crying?
- ☐ Are you
- ☐ Is you

② _____ washing his hands?
- ☐ Is he
- ☐ Are he

③ _____ working late?
- ☐ Is they
- ☐ Are they

④ _____ riding bikes?
- ☐ Am we
- ☐ Are we

⑤ _____ studying in the library?
- ☐ Is she
- ☐ Are she

Practice B 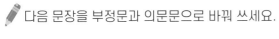 문장 바꿔 쓰기

✏️ 다음 문장을 부정문과 의문문으로 바꿔 쓰세요.

1 You are having lunch.
너는 점심을 먹고 있다.
→
부정문 | You are not having lunch.
의문문 |

2 He is taking a shower.
그는 샤워를 하고 있다.
→
부정문 |
의문문 |

3 They are drawing a picture.
그들은 그림을 그리고 있다.
→
부정문 |
의문문 |

4 She is laughing on the street.
그녀는 길거리에서 웃고 있다.
→
부정문 |
의문문 |

5 They are going to the park.
그들은 공원에 가고 있다.
→
부정문 |
의문문 |

6 It is raining outside.
밖에 비가 오고 있다.
→
부정문 |
의문문 |

✏️ 주어진 말을 이용하여 우리말에 맞게 쓰세요.

【보기】 | wear | → | **He is not wearing** a cap. | 그는 모자를 쓰고 있지 않다.

↳ 현재 진행형의 부정문은 be동사 다음에 not을 써요.

1 work

　　　　　　　　late.　　나는 늦게 일하고 있지 않다.

　　　　　　　　late?　　너는 늦게 일하고 있니?

2 go to school

　　　　　　　　　　그녀는 학교에 가고 있지 않다.

　　　　　　　　　　그들은 학교에 가고 있니?

3 eat

　　　　　　　　pizza.　　그는 피자를 먹고 있지 않다.

　　　　　　　　pizza?　　그녀는 피자를 먹고 있니?

4 play

　　　　　　　　tennis.　　우리는 테니스를 치고 있지 않다.

　　　　　　　　tennis?　　너는 테니스를 치고 있니?

5 cut

　　　　　　　　apples.　　우리는 사과를 자르고 있지 않다.

　　　　　　　　apples?　　그들은 사과를 자르고 있니?

He isn't smiling at me.
그는 나를 보며 웃고 있지 않다.

✏️ 알맞은 우리말을 연결하세요.

① I'm not having **a bath.**   •

② Are **you** cleaning **the floor?**   •

③ We aren't making **a robot.**   •

  • ⓐ 너는 바닥을 청소하고 있니?

  • ⓑ 나는 목욕을 하고 있지 않다.

  • ⓒ 우리는 로봇을 만들고 있지 않다.

✏️ 다음 문장을 우리말로 쓰세요.

① He isn't laughing **loudly.**   의미 _____

② Are **they** riding **bikes?**   의미 _____

✏️ 주어진 단어를 이용하여 우리말에 맞게 쓰세요.

① 그녀는 나를 보며 웃고 있지 않다. **(smile, She, at me, be)**

  ➡️ _____She isn't smiling at me._____

② 그는 안경을 쓰고 있니? **(glasses, be, he, wear)**

  ➡️ _____

③ 그들은 학교에 걸어가고 있니? **(they, walk, be, to school)**

  ➡️ _____

④ 나는 음악을 듣고 있지 않다. **(listen, I, to music)**

  ➡️ _____

과거 진행

[Today's 혼공]
과거 한 시점에
무엇을 하고 있었는지
말하는 과거 진행형의
형태를 배워봐요.

1 과거 진행형

과거 시제가 지난 일이나 과거의 사실을 나타낸다면 과거 진행형은 과거에 하고 있던 일을 말해요.

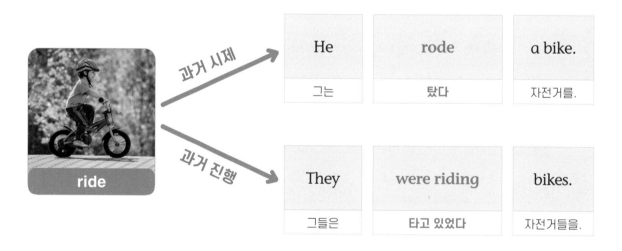

| He | rode | a bike. |
| 그는 | 탔다 | 자전거를. |

| They | were riding | bikes. |
| 그들은 | 타고 있었다 | 자전거들을. |

과거형	과거 진행형
동사원형 + ed	was / were + 동사원형 + ing
I studied math yesterday. 나는 어제 수학을 공부했다.	I was studying math then. 나는 그때 수학을 공부하는 중이었다.

2 과거 진행형의 변화

be동사는 주어에 어울리게 바꿔 써야 해요.

I	talked	on the phone.

나는 전화 통화를 했다.

↓

I	was talking	on the phone.

나는 전화 통화를 하고 있었다.

행형 비교

He was working. 그는 일하고 있었다.

과거 진행형은 <was / were + -ing>로 주어에 맞게 be동사를 써요.

주어	was / were + -ing	
I / He / She / It	was	singing.
You / We / They	were	

＊ 진행형은 be동사의 시제에 따라 현재 진행형과 과거 진행형으로 나눠요.

현재형	현재 진행형
I watch	I am watching
보다	보고 있는 중이다

현재를 나타내는 부사구
now, today 등

과거형	과거 진행형
I watched	I was watching
보았다	보고 있는 중이었다

과거를 나타내는 부사구
yesterday, then, ago,
last Sunday, in 1990 등

＊ 부사구를 보고 현재 진행형 또는 과거 진행형을 구별하세요.

I (am / ~~was~~) drinking water <u>now</u>.　　　　　나는 지금 물을 마시고 있다.

I (~~am~~ / was) studying English <u>yesterday</u>.　　　나는 어제 영어를 공부하고 있었다.

✏️ 다음 동사를 주어에 어울리게 과거 진행형으로 바꿔 쓰세요.

1 run ➡ He _was running_

2 sing ➡ I _____

3 come ➡ She _____

4 do ➡ You _____

5 stop ➡ They _____

6 fly ➡ It _____

7 cut ➡ He _____

8 plan ➡ We _____

9 go ➡ We _____

10 jump ➡ It _____

☑️ 우리말을 보고 빈칸에 알맞은 말을 고르세요.

1 나는 어제 자고 있었다.
I _____ yesterday.
☐ slept ☐ was sleeping

2 그녀는 그녀의 숙제를 했다.
She _____ her homework.
☐ did ☐ was doing

3 그들은 아이스크림을 먹고 있었다.
They _____ ice cream.
☐ ate ☐ were eating

4 그는 8시에 TV를 봤다.
He _____ TV at 8.
☐ watched ☐ was watching

5 우리는 교실에서 공부하고 있었다.
We _____ in the classroom.
☐ studied ☐ were studying

주어진 단어를 이용하여 우리말에 알맞은 문장을 완성하세요.

1 stay

I ___stayed___ in Seoul. 나는 서울에 머물렀다.

He _____ in Seoul. 그는 서울에 머무르고 있었다.

2 help

We _____ each other. 우리는 서로 도왔다.

They _____ each other. 그들은 서로 돕고 있었다.

3 climb

It _____ up the tree. 그것은 나무 위로 오르고 있었다.

She _____ up the tree. 그녀는 나무 위로 올랐다.

4 plan

We _____ a birthday party. 우리는 생일 파티를 계획하고 있었다.

He _____ a birthday party. 그는 생일 파티를 계획했다.

5 do

He _____ his homework. 그는 그의 숙제를 했다.

She _____ her homework. 그녀는 그녀의 숙제를 하고 있었다.

✏️ 밑줄 친 부분을 우리말에 맞게 바꾼 뒤 문장을 다시 쓰세요.

[보기]

He **is making** a pizza. ➡️ He **was making** a pizza.
그는 피자를 만들고 있었다.

과거 진행형의 의미이므로 is를
was로 고쳐 써야 해요.

---

1 I **am riding** a bike. ➡️

나는 자전거를 타고 있었다.

---

2 He **cooked** spaghetti. ➡️

그는 스파게티를 요리하고 있었다.

---

3 She **is playing** the piano. ➡️

그녀는 피아노를 연주하고 있었다.

---

4 They **cleaned** the floor. ➡️

그들은 바닥을 청소하고 있었다.

---

5 We **buy** cookies. ➡️

우리는 쿠키를 사고 있었다.

---

6 She **studied** hard. ➡️

그녀는 열심히 공부하고 있었다.

I was eating ice cream.
나는 아이스크림을 먹고 있었다.

✏️ 알맞은 우리말을 연결하세요.

1 He was eating ice cream. •   • a 그는 제주에 살고 있었다.

2 I was jumping rope. •   • b 나는 줄넘기를 하고 있었다.

3 He was living in Jeju. •   • c 그는 아이스크림을 먹고 있었다.

✏️ 다음 문장을 우리말로 쓰세요.

1 It was eating fruit.   의미 _____

2 They were cutting trees.   의미 _____

✏️ 주어진 말을 이용하여 우리말에 맞게 쓰세요.

1 나는 내 숙제를 하고 있었다. (my homework, be, do, I)

→ _____I was doing my homework._____

2 그는 깜짝 파티를 계획하고 있었다. (plan, He, a surprise party, be)

→ _____

3 그녀는 도서관에서 공부하고 있었다. (be, in the library, study, She)

→ _____

4 그것은 높이 점프하고 있었다. (jump, It, high, be)

→ _____

혼공쌤
그림으로 기초 이해

[Today's 혼공]
과거에 하고 있지
않던 일이거나 하고
있었던 일을 물을 때
어떻게 말해야 하는지
배워보아요.

1 과거 진행형 - 부정문

과거 진행형의 부정문은 <was / were + not + -ing>로 써요.

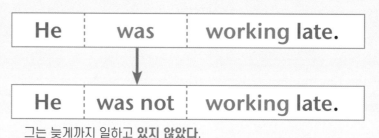

| He | was | working late. |

| He | was not | working late. |

그는 늦게까지 일하고 **있지 않았다.**

부정문

She was not crying.

그녀는 울고 있지 않았다.

과거 진행형 부정문은 <was / were + not>을 쓰고 -ing를 이어 쓰면 돼요.

주어	be동사 + not -ing	
I / He / She / It	was not(=wasn't) walking slowly.	천천히 걷고 있지 않았다.
You / We / They	were not(=weren't) making dinner.	저녁을 만들고 있지 않았다.

* 과거 진행형 부정문은 '**~하고 있지 않았다**'로 해석해요.

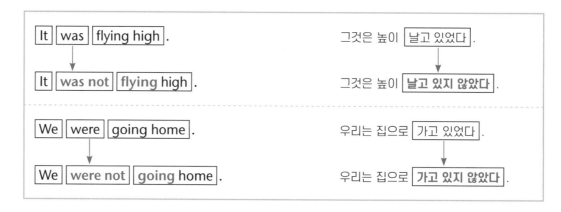

| It | was | flying high |.   그것은 높이 | 날고 있었다 |.

| It | was not | flying high |.   그것은 높이 | **날고 있지 않았다** |.

| We | were | going home |.   우리는 집으로 | 가고 있었다 |.

| We | were not | going home |.   우리는 집으로 | **가고 있지 않았다** |.

2 과거 진행형 – 의문문

과거 진행형 의문문은 <**Was / Were** + 주어 + **-ing~?**>로 써요.

| They | were | running. |

| Were | they | running? |

그들은 달리고 있었니?

의문문

Was he singing there?

그는 거기서 노래하고 있었니?

과거 진행형 의문문은 주어와 was, were 자리를 바꿔 쓰며, '~하고 있었니?'로 해석해요.

| She | was | skiing . |

| Was | she | skiing ? |

그녀는 스키를 타고 있었다 .

그녀는 스키를 타고 있었니 ?

| They | were | fighting . |

| Were | they | fighting ? |

그들은 싸우고 있었다 .

그들은 싸우고 있었니 ?

---

* 과거 진행형 의문문의 답은 <Yes, 주어 + be동사>, <No, 주어 + be동사 + not>으로 써요.

의문문	Yes, 주어 + be동사	No, 주어 + be동사 + not
Were you cooking?	Yes, I was.	No, I wasn't.*
Was he wearing a cap? Was she wearing a cap?	Yes, he was. Yes, she was.	No, he wasn't. No, she wasn't.
Were they studying?	Yes, they were.	No, they weren't.

* Were you~? 라고 물을 때 답은 I로 해요.

✏️ 주어진 단어를 이용하여 우리말에 맞게 문장을 완성하세요.

① **study**

<공부하다>	He _____studies_____ math before dinner.
<공부하고 있다>	He _____ math now.
<공부하고 있지 않다>	He _____ math now.
<공부하고 있니?>	_____ math now?
<공부하고 있지 않았다>	He _____ math then.
<공부하고 있었니?>	_____ math then?

② **help**

<돕다>	They _____ Mia every day.
<돕고 있다>	They _____ Mia now.
<돕고 있니?>	_____ Mia now?
<돕고 있지 않다>	They _____ Mia now.
<돕고 있었다>	They _____ Mia then.
<돕고 있지 않았다>	They _____ Mia then.
<돕고 있었니?>	_____ Mia then?

③ **eat**

<먹다>	She usually _____ vegetables.
<먹고 있지 않다>	She _____ vegetables now.
<먹고 있니?>	_____ vegetables now?
<먹고 있었다>	She _____ vegetables then.
<먹고 있지 않았다>	She _____ vegetables then.
<먹고 있었니?>	_____ vegetables then?

✏️ 다음 문장을 부정문과 의문문으로 바꿔 쓰세요.

1 Jane was swimming in the pool.
제인은 풀장에서 수영하고 있었다.

→ 부정문 | Jane was not swimming in the pool.

의문문 |

2 He was walking to school.
그는 학교에 걸어가고 있었다.

→ 부정문 |

의문문 |

3 They were listening to music.
그들은 음악을 듣고 있었다.

→ 부정문 |

의문문 |

4 She was playing the guitar.
그녀는 기타를 치고 있었다.

→ 부정문 |

의문문 |

5 You were cleaning the classroom.
너희들은 교실을 청소하고 있었다.

→ 부정문 |

의문문 |

6 It was crying all day long.
그것은 하루 종일 울고 있었다.

→ 부정문 |

의문문 |

Sentences 문장 완성해 쓰기

✎ 다음 어제 한 일을 나타내는 표를 보고 우리말에 맞게 쓰세요.

7:45~8:00	8:00~8:20	8:20~8:40	8:50~9:40	10:00~10:50	12:00~1:00
wash one's face	have breakfast	walk to school	study English	play tennis	have lunch

1 7:50   take a shower   ➡   She was not taking a shower .
그녀는 샤워하고 있지 않았다.

2 7:55   wash her face   ➡   She _____ .
그녀는 그녀의 얼굴을 씻고 있었다.

3 8:10   have breakfast   ➡   Was _____ ?
그녀는 아침을 먹고 있었니?

4 8:30   play tennis   ➡   _____
그녀는 테니스를 하고 있지 않았다.

5 9:10   study English   ➡   _____
그녀는 영어를 공부하고 있었니?

6 12:20   have lunch   ➡   _____
그녀는 점심을 먹고 있었다.

I wasn't drinking tea.

나는 차를 마시고 있지 않았다.

✏️ 알맞은 우리말을 연결하세요.

1 I wasn't watching TV.   ●——————●   **a** 나는 TV를 보고 있지 않았다.

2 Were you working at 2?   ●   ●   **b** 우리는 집으로 걸어가고 있지 않았다.

3 We weren't walking home.   ●   ●   **c** 너는 2시에 일하고 있었니?

✏️ 다음 문장을 우리말로 쓰세요.

1 He wasn't sleeping at 8.   의미 _____

2 Were they reading a book?   의미 _____

✏️ 주어진 말을 이용하여 우리말에 맞게 쓰세요.

1 그녀는 축구를 하고 있지 않았다. (play, She, soccer, be)

→ _She wasn't playing soccer._

2 그는 저녁을 요리하고 있었니? (dinner, be, cook, he)

→ _____

3 그들은 미아를 기다리고 있었니? (they, be, for Mia, wait)

→ _____

4 나는 과일을 사고 있지 않았다. (buy, I, fruit, be)

→ _____

01 그림을 보고 주어진 단어를 이용하여 진행형 문장을 완성하세요.

1 She, play soccer, now ➡ _____

2 I, do the dishes, at 8 ➡ _____ yesterday.

3 We, read a book, now ➡ _____

4 They, bake bread, at 10 ➡ _____ yesterday.

02 <보기>에서 알맞은 말을 찾아 우리말에 맞게 문장을 완성하세요.

보기

drink milk   ride your bike   sit on a bench   cook dinner

1 너는 네 자전거를 타고 있었니?

➡ Were _____ ?

2 그녀는 우유를 마시고 있지 않다.

➡ She _____ .

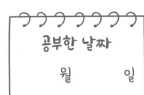

공부한 날짜
월   일

3 그는 저녁을 만들고 있다.

➡️ He _____ .

4 그들은 지금 벤치에 앉아 있니?

➡️ Are _____ now?

---

03 다음 문장을 어법에 맞게 고친 뒤 문장을 다시 쓰세요.

1 They are buy some fruit. 그들은 과일을 약간 사고 있다.

➡️ _____

2 We are eating sandwiches then. 우리는 그때 샌드위치를 먹고 있었다.

➡️ _____

3 He was washing not his car. 그는 그의 차를 세차하고 있지 않았다.

➡️ _____

4 Was she run to school at 9? 그녀는 9시에 학교에 달려가고 있었니?

➡️ _____

5 It is jumping on the bed then. 그것은 그때 침대에서 뛰고 있었다.

➡️ _____

6 You wearing glasses? 너는 안경을 쓰고 있니?

➡️ _____

7 It was raining in London now. 지금 런던에는 비가 오고 있다.

➡️ _____

04 밑줄 친 부분을 어법에 맞게 고친 뒤 문장을 다시 쓰세요.

1 A Is Tom and John listening to music?

B Yes. And also, they are dancing to music.

➡ _____

2 A He gets up at 7 and going jogging every morning.

B Wow, he is a really good athlete.

➡ _____

3 A Are you shop at the mall yesterday?

B Yes, I was.

➡ _____

4 A Who you are waiting for?

B I'm waiting for my brother.

➡ _____

05 우리말에 맞게 빈칸에 알맞은 말을 써서 문장을 완성하세요.

1 My friends _____ TV in the living room now.

내 친구들은 지금 거실에서 TV를 보고 있다.

2 Where are you? _____ here now?

너 어디에 있니? 너는 지금 여기로 오고 있니?

3 He does his homework every night.

But he _____ at 8 last night.

그는 밤마다 그의 숙제를 한다. 하지만 그는 어젯밤 8시에는 숙제를 하고 있지 않았다.

06 다음 그림을 보고 주어진 말을 이용하여 대화를 완성하세요.

1

play /
the violin

A What is Ann doing?

B _____

_____

2

work /
on his computer

A What was Tim doing?

B _____

_____

3

study /
in her room

A Is Ann _____

_____ ?

B No. She is _____

in the library.

4

eat /
lunch

A Was Tim _____

_____ ?

B Yes, _____ .

07 다음 표를 보고 빈칸에 알맞은 말을 써서 진행형 문장을 완성하세요.

	yesterday	today
8:00~9:00	have breakfast	take a shower
9:30~11:00	watch a movie	visit the museum

1 08:10 Jake _____ yesterday.

2 08:30 Jake _____ today.

3 09:45 Sue _____ yesterday.

4 10:00 Sue _____ today.

[1~4] 주어진 단어를 이용하여 대화를 완성하세요.

1. **A** Were Tom and Tim _____ to music? (dance)

   B Yes, _____ .

2. **A** What is Sue doing?

   B She _____ under the tree. (sleep)

3. **A** Were you reading a book?

   B No. I _____ the soccer game. (watch)

4. **A** Look. Ann _____ pink pants. (wear)

   B She looks good.

[5~8] 다음 지문을 읽고 주어진 문장에서 어법상 어색한 부분을 찾아 바르게 고친 뒤 문장을 다시 쓰세요.

> It was Sunday morning. **5** It is raining outside. **6** Mom and I was siting on the sofa. My mom was listening to the sounds of the raindrops. **7** I was looking out the window and listen to music. **8** We covering ourselves with a warm blanket. We were really enjoying the rain.

5. It is raining outside. → _____

6. Mom and I was siting on the sofa. → _____

7. I was looking out the window
and listen to the music.   → _____

8. We covering ourselves with a
warm blanket.   → _____

[9~11]　주어진 단어를 이용하여 우리말에 맞게 문장을 완성하세요.

9.　그는 지금 수학을 가르치고 있지 않다. 하지만 그는 학교에서 일하고 있다. (teach, work)

He _____ math now.
But he _____ at school.

10.　그녀는 도서관에서 공부하고 있지 않았다. 그녀는 통화하고 있었다. (study, talk)

She _____ in the library.
She _____ on the phone.

11.　그들은 빠르게 뛰고 있지 않다. 그들은 느리게 걷고 있다. (run, walk)

They _____ fast.
They _____ slowly.

[12~13]　주어진 조건에 맞도록 <보기>의 말을 이용하여 우리말을 영작하세요.

【조건】	【보기】
・진행형으로 문장을 쓸 것	jump rope
・문장은 I로 시작할 것	drink milk
・시제에 주의할 것	clean my room

12.　나는 자기 전에 우유를 마시고 있었다.

→ _____ before bed.

13.　나는 지금 내 방을 청소하고 있다.

→ _____ now.

Chapter 4

미래 시제 & 조동사

Week 4

Day 01

오늘의 공부   미래 시제

제 평가는요?
☆☆☆☆☆

월 [　] 일 [　]   시간 [　]

Day 02

오늘의 공부   Can, May

제 평가는요?
☆☆☆☆☆

월 [　] 일 [　]   시간 [　]

Day 03

오늘의 공부   Must, Should, Have to

제 평가는요?
☆☆☆☆☆

월 [　] 일 [　]   시간 [　]

Day 04

오늘의 공부   조동사 - 부정문 / 의문문

제 평가는요?
☆☆☆☆☆

월 [　] 일 [　]   시간 [　]

Day 05

오늘의 공부   단원 TEST / 중학 대비 TEST

제 평가는요?
☆☆☆☆☆

월 [　] 일 [　]   시간 [　]

미래 시제

[Today's 혼공]
미래가 무엇인지 알아보고, 미래의 일을 말할 때는 어떻게 표현할 수 있는지를 배워볼 거예요.

> Let's talk about the weather.
> 날씨를 말해봐요.

> It will rain tomorrow.
> 내일은 비가 올 거예요.

1 미래

앞으로 일어날 일을 미래라고 하고, 동사 앞에 도우미 역할을 하는 will이나 be going to 등을 써서 나타내요.

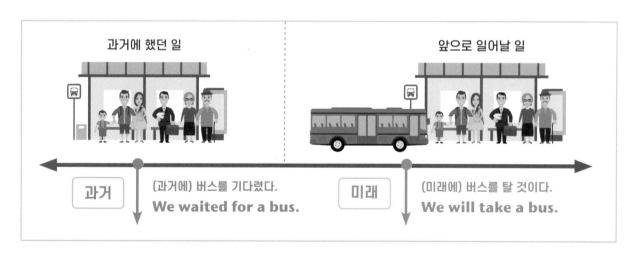

과거	현재	미래
I played soccer.	I play soccer.	I will play soccer.
축구를 했다.	축구를 한다.	축구를 할 것이다.

2 미래의 두 가지 표현

동사를 변화시키는 현재나 과거와 달리 **미래**는 will 또는 be going to를 동사 앞에 써요.

I	will	help you.

나는 너를 도울 것이다.

I	am going to	visit you.

나는 너를 방문할 것이다.

미래 will

I will call you. 나는 너에게 전화할 것이다.

미래에 대한 예상, 의지를 말할 때 <will + **동사**>를 써요.

This book is great. You **will** love it.
이 책은 굉장하다. 네가 좋아할 것이다.

종류	형태	예문
부정문	will not(=won't) + 동사	I **won't go** there. 나는 거기에 가지 않을 것이다.
의문문	Will 주어 + 동사~?	**Will you go** there? 너는 거기에 갈 거니?

미래 going to

He is going to sleep.
그는 잘 것이다.

명확하게 앞으로 일어날 일, 계획된 일은 be going to를 써요.

She **is going to** go home.
그녀는 집에 갈 것이다.

종류	형태	예문
부정문	be not going to + 동사	He **is not going to** buy a car. 그는 차를 사지 않을 것이다.
의문문	be동사 + 주어 + going to + 동사?	**Is he going to** buy a car? 그는 차를 살 거니?

☑ 우리말을 보고 빈칸에 알맞은 말을 고르세요.

1
He _____ a teacher.   선생님이다.   ☑ is   ☐ will be
He _____ a teacher.   선생님이 될 것이다.   ☐ is   ☐ will be

2
It _____ windy last night.   바람이 불었다.   ☐ was   ☐ will be
It _____ windy tomorrow.   바람이 불 것이다.   ☐ was   ☐ will be

3
I _____ 11 years old last year.   11살이었다.   ☐ was   ☐ will be
I _____ 12 years old next year.   12살이 될 것이다.   ☐ is   ☐ will be

4
She _____ him yesterday.   어제 그를 방문했다.   ☐ visited   ☐ will visit
She _____ him tomorrow.   내일 그를 방문할 것이다.   ☐ visited   ☐ will visit

☑ 밑줄 친 부분에 주의하여 빈칸에 알맞은 말을 고르세요.

1 It _____ soon.
☐ rained
☐ is going to rain

2 He _____ dinner yesterday.
☐ cooked
☐ is going to cook

3 She _____ a car tomorrow.
☐ is going to buy
☐ are going to buy

4 They _____ Mia next year.
☐ am going to visit
☐ are going to visit

5 I _____ tennis last time.
☐ played
☐ are going to play

주어진 단어를 이용하여 우리말에 맞게 문장을 완성하세요.

1

will / take

They _____ took _____ a trip. 그들은 여행을 갔다.

They _____ a trip. 그들은 여행을 갈 것이다.

2

be going to / help

He _____ Mia. 그는 미아를 도울 것이다.

He _____ Mia. 그는 미아를 도왔다.

3

will / clean

She _____ her room. 그녀는 그녀의 방을 청소할 것이다.

She _____ her room. 그녀는 그녀의 방을 청소했다.

4

be going to / play

I _____ computer games. 나는 컴퓨터 게임을 할 것이다.

I _____ computer games. 나는 컴퓨터 게임을 했다.

5

will / leave

We _____ home. 우리는 집을 떠났다.

We _____ home. 우리는 집을 떠날 것이다.

Sentences 문장 완성해 쓰기

✏️ 주어진 말을 이용하여 우리말에 맞게 쓰세요.

1 will / be a student

그녀는 작년에 학생이었다.	She was a student	last year.
그녀는 지금 학생이다.		now.
그녀는 내년에 학생이 될 것이다.		next year.

2 be going to / eat out

그들은 일요일마다 외식을 한다.		on Sundays.
그들은 어제 외식을 했다.		yesterday.
그들은 지금 외식을 하고 있다.		now.
그들은 내일 외식할 예정이니?		tomorrow?

3 will / watch TV

그는 매일 TV를 본다.		every day.
그는 3시에 TV를 봤다.		at 3.
그는 다음번에 TV를 보지 않을 것이다.		next time.

4 be going to / bake cookies

우리는 매달 쿠키를 굽는다.		every month.
우리는 지난달에 쿠키를 구웠다.		last month.
우리는 다음달에 쿠키를 구울 예정이다.		next month.

I will call you later.

내가 나중에 너에게 전화할게.

 알맞은 우리말을 연결하세요.

1 They will be 13.　　　　　　　　　　　　　a 그녀는 여행을 갈 예정이다.

2 She is going to travel.　　　　　　　　　　b 곧 비가 올 것이다.

3 It will rain soon.　　　　　　　　　　　　 c 그들은 13살이 될 것이다.

다음 문장을 우리말로 쓰세요.

1 We are going to buy a car.　　　의미　_____

2 He will clean his room.　　　　　의미　_____

주어진 말을 이용하여 우리말에 맞게 쓰세요.

1 그들은 곧 떠날 것이다. (be going to, They, soon, leave)

→ _____They are going to leave soon._____

2 나는 컴퓨터 게임을 할 것이다. (play, I, computer games, be going to)

→ _____

3 그녀는 내년에 의사가 될 것이다. (She, a doctor, be, will, next year)

→ _____

4 그는 미아를 방문할 것이다. (visit, will, He, Mia)

→ _____

혼공쌤
그림으로 기초 이해

[Today's 혼공]
동사를 도와 의미를
더해주는 조동사
can과 may를
알아보아요.

1 조동사 can

동사를 도와 의미를 더해주는 것을 조동사라고 해요.
조동사 can은 능력, 허락, 요청의 의미를 더해 줘요.

I	can	swim.

나는 수영할 **수 있다**.

You	can	visit there.

너는 거기를 방문해**도 된다**.

---

can ①

She can read English.

그녀는 영어를 읽을 수 있다.

능력을 나타낼 때 조동사 can을 사용하여 '**~할 수 있다**'는 의미로 써요.

능력	can + 동사	I can play the piano. 나는 피아노를 칠 수 있다.
	cannot(=can't) + 동사	I can't play the piano. 나는 피아노를 칠 줄 모른다.

* 조동사는 다음과 같은 것에 유의하세요.

<주어 + 조동사 + 동사> 순서로 써요.	He (make can / can make) a bike.
조동사 다음에는 동사를 그대로 써요.	She can (rides / ride) a bike.
is, are는 조동사 다음에 be로 써요.	You can (are / be) a chef.

---

can ②

You can go home. 너는 집에 가도 된다.

조동사 can은 **허락**이나 **요청**의 의미를 나타낼 때 써요.

허락	can + 동사	You can use my phone. 너는 내 핸드폰을 써도 된다.
요청	Can you ~?	Can you move this desk? 너는 이 책상을 옮겨 줄 수 있니?

2 조동사 may

어떤 것을 추측하거나 다른 이에게 허락을 받을 때 조동사 may를 써요.

She	may	be hungry.

그녀는 배고플지 모른다.

You	may	eat food here.

너는 여기서 음식을 먹어도 된다.

---

may ①

He may be busy. 그는 바쁠지 모른다.

'**~할지 모른다**'는 불확실한 추측을 말할 때 <may + 동사>를 써요.

It may be Mia.
미아일지 모른다.

추측	may + 동사	I may have pizza for dinner. 나는 저녁으로 피자를 먹을지 모른다.
	may not + 동사	It may not rain tomorrow. 내일 비가 안 올지도 모른다.

---

may ②

You may open the door.

너는 문을 열어도 된다.

'**~해도 된다**'는 허락의 의미일 때 may를 써요.

You may wear my hat.
너는 내 모자를 써도 된다.

허락 요청	긍정 대답	부정 대답
May I text you?	Of course. / Sure. / Yes, you may[can].	No, you may not[can't]. / I'm sorry but you can't.

☑ 우리말에 알맞은 말을 고르세요.

1 그것은 빨리 수영할 수 있다.   It ⟨can⟩/ may swim fast.

2 그들은 답을 알지도 모른다.   They can / may know the answer.

3 나는 피아노를 칠 수 있다.   I can / may play the piano.

4 오늘 비가 올지도 모른다.   It can / may rain today.

5 그녀는 높이 점프할 수 있다.   She can / may jump high.

☑ 그림을 보고 빈칸에 알맞은 말을 고르세요.

1   I _____ ride a bike.   ☐ can ☐ can't

2   It _____ snow today.   ☐ may ☐ may not

3   A: Can I eat here? B: _____   ☐ Yes, you can. ☐ No, you can't.

4   A: _____ use a phone? B: Yes, you may.   ☐ Can you ☐ May I

밑줄 친 부분을 우리말에 맞게 고친 뒤 문장을 다시 쓰세요.

[보기]

He **can't walk** to school. ➔ He | *can walk* | to school.
그는 학교에 걸어 갈 수 있다.

'할 수 있다'는 의미일 때는
조동사 can을 써요.

---

1 They **can are** busy today. ➔
그들은 오늘 바쁠지도 모른다.

2 She **may drive** a car. ➔
그녀는 차를 운전할 수 있다.

3 He **can** be late for school. ➔
그는 학교에 지각할지도 모른다.

4 **May** you speak English? ➔
너는 영어를 말할 수 있니?

5 They **can** ski fast. ➔
그들은 빠르게 스키를 탈 수 없다.

6 You **may not** ride a bike here. ➔
너는 여기서 자전거를 타도 된다.

✎ 다음 문장에 알맞은 우리말을 연결하세요.

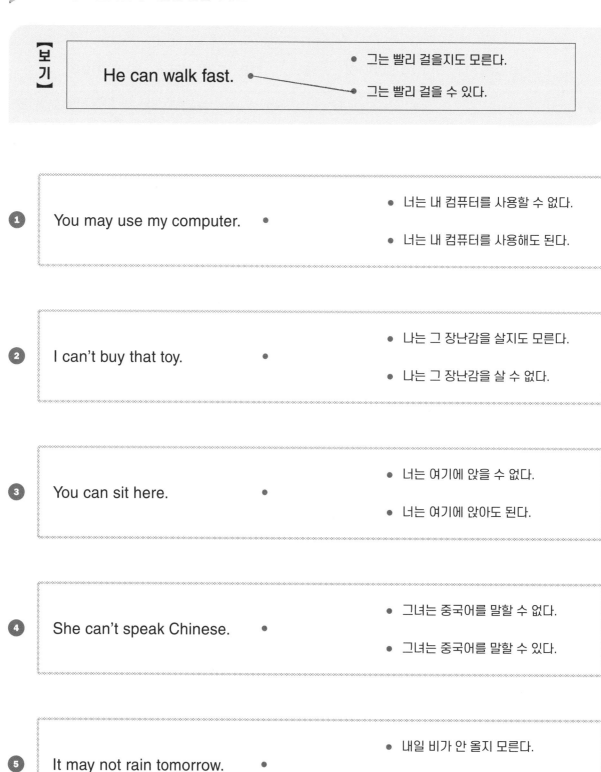

【보기】

He can walk fast. •

• 그는 빨리 걸을지도 모른다.

• 그는 빨리 걸을 수 있다.

① You may use my computer. •

• 너는 내 컴퓨터를 사용할 수 없다.

• 너는 내 컴퓨터를 사용해도 된다.

② I can't buy that toy. •

• 나는 그 장난감을 살지도 모른다.

• 나는 그 장난감을 살 수 없다.

③ You can sit here. •

• 너는 여기에 앉을 수 없다.

• 너는 여기에 앉아도 된다.

④ She can't speak Chinese. •

• 그녀는 중국어를 말할 수 없다.

• 그녀는 중국어를 말할 수 있다.

⑤ It may not rain tomorrow. •

• 내일 비가 안 올지 모른다.

• 내일 비가 올 수 있다.

I can read.

나는 읽을 수 있다.

✏️ 알맞은 우리말을 연결하세요.

1 They can climb up the tree. •————• **ⓐ** 그들은 나무를 오를 수 있다.

2 She may be tired. • • **ⓑ** 제가 당신의 책을 빌려도 되나요?

3 May I borrow your book? • • **ⓒ** 그녀는 피곤할지도 모른다.

✏️ 다음 문장을 우리말로 쓰세요.

1 He can't ski fast. 의미 _____

2 You may eat my sandwich. 의미 _____

✏️ 주어진 말을 이용하여 우리말에 맞게 쓰세요.

1 너는 내 휴대폰을 써도 된다. (my phone, You, use, can)

➡️ _____You can use my phone._____

2 그들은 자전거들을 탈 수 없다. (bikes, They, can't, ride)

➡️ _____

3 그녀는 오늘 바쁠지 모른다. (today, She, be, busy, may)

➡️ _____

4 그것은 빨리 수영할 수 있다. (fast, It, swim, can)

➡️ _____

혼공쌤
그림으로 기초 이해

[Today's 혼공]

must와 have to는 같으면서도 다른 부분이 있는 조동사 예요. 오늘은 그 둘의 공통점과 차이점을 제대로 배워봐요.

1 조동사 must, should

조동사 **must**는 반드시 해야 하는 일을 말할 때 써요.

I	must	rest.

나는 쉬어야만 한다.

You	should	study hard.

너는 열심히 공부해야 한다.

---

must

You must be quiet. 너는 조용해야만 한다.

'~해야만 한다'는 해야 하는 의무를 나타낼 때 조동사 **must**를 써요.

You **must not** use your phone.
핸드폰을 사용해서는 안 된다.

의무	must + 동사	The traffic light is red. I **must** wait. 신호등이 빨간색이다. 나는 기다려야만 한다.
	must not + 동사	Look at the sign. You **must** not touch. 표지판을 봐라. 너는 만져서는 안 된다.

---

should

We should hurry. 우리는 서둘러야 한다.

조동사 **should**는 '~해야 한다'는 의미로, 충고와 조언할 때 써요.

조언	should + 동사	You **should** see a doctor. 너는 병원에 가봐야 한다.
	should not + 동사	You **should not** play computer games. 너는 컴퓨터 게임을 하지 말아야 한다.

2 have to / has to

must와 같은 의미로 지켜야 하는 것을 말할 때 have to / has to를 써요.

I	have to	leave early.

나는 일찍 떠나야만 한다.

He	has to	wear a uniform.

그는 교복을 입어야만 한다.

---

ve to ①

He has to stop. 그는 멈춰야만 한다.

'~해야만 한다'라는 **의무의 have to**는 주어가 he, she, it일 때 **has to**로 써요.

 **They have to practice every day.**
그들은 매일 연습해야만 한다.

I / You / We / They	have to	lock the door.	문을 잠가야만 한다.
He / She	has to		

He (~~have to~~ / has to) clean his room. 그는 그의 방을 청소해야만 한다.

---

ve to ②

You don't have to say.
너는 말할 필요가 없다.

have to / has to의 부정문은 일반동사와 마찬가지로 don't[doesn't] have to로 쓰고 '~할 필요가 없다'는 의미에 주의해야 해요.

부정	must not ~해서는 안 된다	You must not enter. 너는 들어가서는 안 된다.
	don't[doesn't] have to ~할 필요가 없다	You don't have to go there. 너는 거기에 갈 필요가 없다.

☑ 우리말에 알맞은 말을 고르세요.

①	나는 열심히 공부해야만 한다.	I can /(must) study hard.
②	그들은 병원에 가봐야 한다.	They should / may see a doctor.
③	그녀는 안경을 쓸 필요가 없다.	She must not / doesn't have to wear glasses.
④	너는 아이스크림을 먹지 말아야 한다.	You should / should not eat ice cream.
⑤	너는 빨간불에 건너서는 안 된다.	You must not / don't have to cross at the red light.

☑ 문장을 보고 빈칸에 알맞은 말을 고르세요.

①	I'm late. I _____ hurry.	☐ have to ☐ don't have to
②	You _____ talk loudly in the library.	☐ must not ☐ don't have to
③	She has a cold. She _____ drink hot water.	☐ should ☐ should not
④	The museum is closing soon. We _____ go there.	☐ don't have to ☐ doesn't have to
⑤	He _____ study for the test.	☐ have to ☐ has to

✏️ 밑줄 친 부분을 어법에 맞게 고친 뒤 문장을 다시 쓰세요.

[보기]

We **don't have to** eat sugar. ➡ We | *must not* | eat sugar.
우리는 설탕을 먹어서는 안 된다.

↳ don't have to는 '~할 필요가 없다'는
의미이므로 must not으로 써야 해요.

---

① He <u>have to</u> speak in English. ➡
그는 영어로 말해야만 한다.

② You <u>must are</u> quiet. ➡
너는 조용해야만 한다.

③ She <u>don't have to</u> hurry. ➡
그녀는 서두를 필요가 없다.

④ They <u>should</u> go there. ➡
그들은 거기에 가지 말아야 한다.

⑤ We <u>must</u> watch TV too long. ➡
우리는 너무 오래 TV를 보면 안 된다.

⑥ You <u>should</u> forget your homework. ➡
너는 네 숙제를 잊지 말아야 한다.

✏ 다음 문장에 알맞은 우리말을 연결하세요.

[보기]

He should study for a test. •
- • 그는 시험 공부를 해야 한다.
- • 그는 시험 공부를 할 필요가 없다.

1 You don't have to wear a hat. •
- • 너는 모자를 쓰지 말아야 한다.
- • 너는 모자를 쓸 필요가 없다.

2 I must practice every day. •
- • 나는 매일 연습해야만 한다.
- • 나는 매일 연습하는 게 좋다.

3 He should save money. •
- • 그는 돈을 아낄 필요가 없다.
- • 그는 돈을 아껴야 한다.

4 She has to wear a uniform. •
- • 그녀는 교복을 입어야만 한다.
- • 그녀는 교복을 입지 말아야 한다.

5 They should not eat fast food. •
- • 그들은 패스트푸드를 먹지 말아야 한다.
- • 그들은 패스트푸드를 먹을 필요가 없다.

We should hurry.

우리는 서둘러야 한다.

Sentence 의미기

✏️ 알맞은 우리말을 연결하세요.

1 They must speak in English. •

2 He has to study hard. •

3 You should see a doctor. •

• a 그는 열심히 공부해야만 한다.

• b 너는 병원에 가봐야 한다.

• c 그들은 영어로 말해야만 한다.

✏️ 다음 문장을 우리말로 쓰세요.

1 She doesn't have to go there. `의미` _____

2 I must not eat ice cream. `의미` _____

Sentence 쓰기

✏️ 주어진 말을 이용하여 우리말에 맞게 쓰세요.

1 그들은 그들의 숙제를 잊어서는 안 된다. (They, forget, must, their homework, not)

→ _They must not forget their homework._

2 너는 안경을 쓸 필요가 없다. (don't have to, wear, You, glasses)

→ _____

3 그녀는 서두를 필요가 없다. (doesn't have to, She, hurry)

→ _____

4 우리는 도서관에서 조용해야 한다. (be quiet, We, should)

→ _____ in the library.

혼공쌤
그림으로 기초 이해

[Today's 혼공]
지금까지 배운
조동사들을 정리하고
조동사의 의문문과
부정문도 함께
배워봐요.

1 조동사의 부정문

조동사 다음에 **not**을 써서 부정의 의미로 써요.

| I | should | drive. |

↓

| I | should not | drive. |

나는 운전하지 않아야 한다.

부정문

You must not be quiet.

너는 조용해서는 안 된다.

조동사 뒤에 **not**을 쓰면 **부정의 의미**를 나타내며 긍정의 의미와 함께 기억하세요.

	긍정문		부정문
can 할 수 있다	I can play the guitar. 나는 기타를 연주할 수 있다.	**cannot** 할 수 없다	I cannot play the guitar. 나는 기타를 연주할 수 없다.
may ~해도 된다 ~일지도 모른다	You may sit here. 너는 여기에 앉아도 돼. He may be lazy. 그는 게으를지도 모른다.	**may not** ~하면 안 된다 ~가 아닐지도 모른다	You may not sit here. 너는 여기에 앉으면 안 돼. He may not be lazy. 그는 게으르지 않을지도 모른다.
must / have to ~해야만 한다	You must / have to do this work. 너는 이 일을 해야만 한다.	**must not** ~하면 안 된다	You must not do this work. 너는 이 일을 해서는 안 된다.
		do(es) not have to ~할 필요가 없다	You don't have to do this work. 너는 이 일을 할 필요가 없다.
should ~해야 한다	You should eat this soup. 너는 이 스프를 먹어야 한다.	**should not** ~하지 않아야 한다	You should not eat this soup. 너는 이 스프를 먹지 않아야 한다.

2 조동사의 의문문

조동사와 주어의 위치를 바꿔서 의문문으로 써요.

She	should	wear a hat.

Should	she	wear a hat?

그녀는 모자를 써야 하니?

의문문 ①

Can he drive a car?

그는 차를 운전할 수 있니?

조동사가 있는 의문문은 **주어와 조동사의 위치를 바꿔** 써요.

He | can | drive | a | car .
Can | he | drive | a | car ?

He | should | study .
Should | he | study ?

＊허락 요청을 하는 의문문은 다음과 같이 묻고 답해요.

A: **May(Can) I close the window?** 창문을 닫아도 되나요?
B: **Sure. / Yes, you may(can).** 그럼요. / 그래요.
   No, you may not[cannot]. 아니요.

의문문 ②

Does he have to exercise?

그는 운동을 해야만 하나요?

must의 의문문은 **have to / has to**를 이용하고, '~해야만 하나요?'라는 의미를 나타내요.

She must stay here.	→	Does she have to stay here?
그녀는 여기에 머물러야만 한다.		그녀는 여기에 머물러야만 하나요?
She has to say goodbye.	→	Does she have to say goodbye?
그녀는 잘 가라고 말해야만 한다.		그녀는 잘 가라고 말해야만 하나요?

✓ 우리말에 알맞은 말을 고르세요.

1 너는 문을 닫아서는 안 된다.　　You ~~must not~~ / don't have to close the door.

2 그들은 잠을 잘 잘 수 없다.　　They can't / must not sleep well.

3 그녀는 걱정할 필요가 없다.　　She must not / doesn't have to worry.

4 너는 거짓말하지 않아야 한다.　　You cannot / should not tell a lie.

5 너는 늦지 않아야 한다.　　You must / should not be late.

✓ 우리말에 알맞은 말을 고르세요.

1 그는 수영을 할 수 있니?　　Can / Did he swim?

2 그녀는 병원에 가봐야 하나요?　　May / Should she see a doctor?

3 제가 여기에 앉아도 되나요?　　May / Do I sit here?

4 그들은 여기에 있어야만 하니?　　Must / Do they have to stay here?

5 너는 내 책을 찾을 수 있니?　　Can / May you find my book?

Practice B 문장 의미 쓰기

🖊 밑줄 친 부분에 주의하여 주어진 문장을 우리말로 쓰세요.

can

① I <u>can't</u> play the piano.　　나는 피아노를 연주할 수 없다.

② <u>Can</u> I use your computer?

may

③ She <u>may not</u> be hungry.

④ <u>May</u> I borrow your book?

must

⑤ She <u>must not</u> park there.

⑥ He <u>must not</u> drink coffee.

have to

⑦ Do you <u>have to</u> clean your room?

⑧ Does she <u>have to</u> wear glasses?

should

⑨ You <u>should not</u> be late.

⑩ <u>Should</u> they stay here?

Sentences 문장 고쳐 쓰기

✏️ 밑줄 친 부분을 어법에 맞게 고친 뒤 문장을 다시 쓰세요.

1
A: <u>Is he</u> study hard?
B: Yes, he does.

→ Does he study hard?

2
A: <u>Should</u> I use your phone?
B: Yes, you may.

→

3
A: <u>May</u> he drive a car?
B: No, he can't.

→

4
A: <u>Do she has to</u> do her homework?
B: Yes, she does.

→

5
A: My leg hurts. <u>May</u> I see a doctor?
B: Yes, you should.

→

Should he see a doctor?

그는 병원에 가야 하나요?

✏️ 알맞은 우리말을 연결하세요.

1 They can't swim. •   • **a** 나는 서두르지 않아야 한다.

2 You may not play outside. •   • **b** 그들은 수영할 수 없다.

3 I shouldn't hurry. •   • **c** 너는 밖에서 놀면 안 된다.

✏️ 다음 문장을 우리말로 쓰세요.

1 Can she go home?   [의미] _____

2 He may not tell a lie.   [의미] _____

✏️ 주어진 단어를 이용하여 우리말에 맞게 쓰세요.

1 그녀는 잠을 잘 잘 수 없다. (can't, well, She, sleep)

➡️ _____She can't sleep well._____

2 그녀는 문을 닫지 않을지도 모른다. (may not, She, the door, close)

➡️ _____

3 그는 거기에 갈 필요가 없다. (go, He, doesn't have to, there)

➡️ _____

4 그는 여기에 있어야 하니? (Should, stay, he, here)

➡️ _____

01 밑줄 친 조동사에 주의하여 우리말을 쓰세요.

1 They <u>can</u> climb the tree. ➡ 그들은 _____.

2 They <u>may</u> be tired today. ➡ 그들은 _____.

3 They <u>will</u> arrive at 9. ➡ 그들은 _____.

4 They <u>have to</u> do their homework. ➡ 그들은 _____.

5 They <u>must</u> eat vegetables. ➡ 그들은 _____.

02 <보기>의 단어를 이용하여 우리말에 맞게 문장을 완성하세요.

보기

| doesn't have to go | must not fight |
| can't move | may be |

1 달팽이는 빨리 움직일 수 없다.

➡ Snails _____ fast.

2 톰은 오늘 나갈 필요가 없다.

➡ Tom _____ out today.

3 너는 그들과 싸우면 안 된다.

➡ You _____ with them.

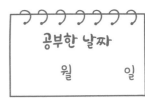

4 그는 천재일지 모른다.

➡ He _____ a genius.

03 주어진 문장을 지시대로 바꿔 문장을 완성하세요.

1 He must get some rest at home.

(같은 의미) = He _____ get some rest at home.

(부정문) → He _____ get some rest at home.

2 She must lock the door.

(의문문) → _____ to lock the door?

3 We have to set the table.

(부정문) → We _____ set the table.

4 It may snow this afternoon.

(부정문) → It _____ snow this afternoon.

5 She can write English letters.

(부정문) → She _____ write English letters.

(의문문) → _____ write English letters?

6 You must swim here.

(의문문) → _____ to swim here?

04 밑줄 친 부분을 우리말에 맞게 바꾼 뒤 문장을 다시 쓰세요.

1 It is hot. She has to wear a coat.

날씨가 덥다. 그녀는 겉옷을 입을 필요가 없다.

➡ _____

2 You don't have to tell a lie.

너는 거짓말하면 안 된다.

➡ _____

3 Eagles may fly high and fast.

독수리는 높고 빠르게 날 수 있다.

➡ _____

4 You must use my phone.

너는 내 핸드폰을 써도 된다.

➡ _____

05 주어진 단어를 바르게 배열한 뒤 우리말을 쓰세요.

1 (has, careful, He, be, to)

➡ (문장) _____

➡ (우리말) _____

2 (may, It, tomorrow, rain)

➡ (문장) _____

➡ (우리말) _____

3 (clean, on Wednesdays, her room, She, must)

➡ (문장) _____

➡ (우리말) _____

다음 대화에서 밑줄 친 부분을 어법에 맞게 고친 뒤 문장을 다시 쓰세요.

1

A Oh, I didn't bring my umbrella.

B You <u>don't have to</u> use mine.

A Thank you so much.

➡ _____

2

A I have a question. Do I have to meet Alice?

B No. You <u>have to</u> meet her.

You can see her at school.

➡ _____

3

A Are you okay?

B I have a cough and a runny nose.

A Oh, no. You <u>must not</u> see a doctor.

➡ _____

4

A The movie will start soon.

B I know. We <u>may be</u> quiet.

A And turn our phones off, too.

➡ _____

중학 대비 TEST
미래 시제 & 조동사

( )학년 ( )반 ( )번 이름 ( )

[1~4] 다음 대화를 읽고 밑줄 친 부분을 어법에 맞게 고쳐 쓰세요.

1. **A** Can I go camping with you?
   B No, you <u>can</u>.   _____ → _____

2. **A** <u>Have I</u> to wash my shirt?
   B Yes, you do.   _____ → _____

3. **A** The traffic light is red.
   B Oh, I <u>may</u> stop.   _____ → _____

4. **A** Is Ann 10 years old?
   B Yes. But she <u>must</u> be 11 years old next month.   _____ → _____

[5~8] 다음 지문을 읽고 주어진 문장에서 어법상 어색한 부분을 찾아 바르게 고친 뒤 문장을 다시 쓰세요.

Kate is a skilled skier. **5** <u>She can goes down very fast</u>. Kate is also a good coach. You can learn from her, but **6** <u>she may teach not you directly</u>. Oh, **7** <u>you don't must worry</u>. You can learn her skills on Youtube. **8** <u>She will is your online teacher</u>.

5. She can goes down very fast.   → _____

6. she may teach not you directly   → _____

7. you don't must worry → _____

8. She will is your online teacher. → _____

[9~11] 주어진 말을 이용하여 우리말에 맞게 문장을 완성하세요.

9. 표지판을 봐라. 너는 이 근처에 주차하면 안 된다. (must, park)

Look at the sign. You _____ around here.

10. 그녀는 좋아 보이지 않는다. 그녀는 오늘 아픈지도 모른다. (may, be sick)

She doesn't look well. She _____ today.

11. 이 음식은 공짜이다. 너는 그것을 지불할 필요가 없다. (have to, pay)

This food is free. You _____ for it.

[12~13] 주어진 조건에 맞도록 <보기>의 말을 이용하여 우리말을 영작하세요.

【조건】	【보기】
· be going to를 사용할 것 · 우리말에 주의할 것	be busy swim visit the gallery

12. 내일은 일요일이다. 앤은 미술관을 방문할 예정이다.

→ Tomorrow is Sunday. Ann _____.

13. 그들은 스포츠 센터에서 수영을 할 예정이다.

→ They _____ at the sports center.

혼공 초등 영문법 트레이닝

Book 2
정답과 해설

쪽수를 잘 보고 정확한 정답과 해설을 확인해 보세요!

Week 1 be동사의 과거

Day 01 be동사의 과거

Day 02 be동사 과거의 의미

Day 03 be동사의 과거 – 부정문

④ was not

⑤ are not

⑥ were not

① was not

② was not

③ were not

④ was not

⑤ were not

Practice B p.27

① I was a nurse.

I was not(wasn't) a nurse.

② He was too young.

He was not(wasn't) too young.

③ They were on vacation.

They were not(weren't) on vacation.

④ She was in the 5th grade.

She was not(wasn't) in the 5th grade.

⑤ They were at the cafe.

They were not(weren't) at the cafe.

⑥ It was delicious.

It was not(wasn't) delicious.

Sentences p.28

① am a writer

was not(wasn't) a writer

② She was stupid.

They were not(weren't) stupid.

③ It was under the tree.

We were not(weren't) under the tree.

④ I was small

You were not(weren't) small

⑤ They were soccer players.

We were not(weren't) soccer players.

문장 쓰기 p.29

① (b)

② (c)

③ (a)

① 그녀는 배부르지 않았다.

② 그는 어제 집에 없었다.

① She wasn't at the bus stop

② He was not(wasn't) in the 5th grade

③ They were not(weren't) busy last week.

④ I was not(wasn't) a doctor one year ago.

Day 04 be동사의 과거 - 의문문

Practice A p.32

① Were you

② Was he

③ Were they

④ Were we

⑤ Was she

① Were you

② Is he

③ Are they

④ Was she

⑤ Is it

Practice B p.33

① Was he too thin? / he was

② Were you hungry last night? / I wasn't

③ Were they in his class? / they were

④ Was she a great writer? / she wasn't

⑤ Was it very expensive? / it was

⑥ Was Mia sad yesterday? / she wasn't

Sentences p.34

① was a trip to Busan

Was it a trip to Busan?

② They were noisy.

Were they noisy?

③ He was in the library.

Was he in the library?

④ You were a soldier.

Were you a soldier?

⑤ They were on the sofa.

Were they on the sofa?

문장 쓰기 p.35

① (c)

② (a)

③ (b)

① 그들은 좋은 남자들이었니?

② 그녀는 부엌에 있었니?

① Was he late
② Was she angry yesterday?
③ Were they reporters?
④ Were you in London last year?

Day 05 단원 TEST ·················· pp.36~39

01

① am 11 years old
② was not(wasn't) 11 years old
③ is a pilot
④ was not(wasn't) a pilot

【해석】

① 나는 지금 11살이다.
② 나는 작년에 11살이 아니었다.
③ 그녀는 지금 조종사이다.
④ 그녀는 작년에 조종사가 아니었다.

02

① Was, in the library
② Was, tired
③ Were, worms

03

① was not(wasn't) a chef
② was sad
③ was not(wasn't) sunny
④ was / was
⑤ She was not(wasn't) in Jeju
⑥ was open

04

① It isn't cloudy now.
② Jake wasn't alone.
③ Anna wasn't at school yesterday.
④ Tom and I were students last month.

05

① wasn't big
② was / were
③ was / wasn't

06

① Was you → Were you
② Were they → Are they
③ Was he → Is he
④ I was → I wasn't

【해석】

① A: 너는 지난밤에 파티에서 귀신이었니?
   B: 맞아, 그랬어.
② A: 그들은 지금 학교에 있니?
   B: 아니. 그들은 집에 있어.
③ A: 그는 지금 화가 났니?
   B: 아니, 그렇지 않아.
④ A: 너는 작년에 파리에 있었니?
   B: 아니, 그렇지 않아.

중학 대비 TEST ························· pp.40~41

1. aren't
2. wasn't
3. was
4. was → were
5. was → am
6. were → was
7. was → were
8. was small, am tall
9. was happy, is sad
10. were in the same class, were classmates
11. I was in the 2nd grade
12. He is always late for school
    he wasn't late

【해석】

1. 톰과 수는 오늘 결석하지 않는다.
2. 톰은 오늘 결석하지 않는다.
   하지만 그는 어제 여기에 없었다.
3. 제이크는 어제 여기에 있었다.
4. 어제는 핼러윈이었다. 내 반 친구와 나는 파티에 있었다. 우리 모두는 귀신과 괴물이었다. "너는 괴물이니?"라고 앤이 물었다. "아니. 나는 귀신이야,"라고 내가 말했다. 앤은 괴물이었다. 그녀는 진짜 괴물, 캔디 괴물이었다. 캔디와 초콜릿이 그녀의 입에 있었다.
8. 나는 작년에 작았지만, 지금은 키가 크다.
9. 그는 그 소식(을 듣기) 전에는 행복했다. 그는 지금 슬프다.
10. 앤과 나는 작년에 같은 반이었다. 우리는 작년에 반 친구였다.
12. 풀이 빈도부사 always는 is 다음에 써야 해요.

Week 2 일반동사의 과거

Day 01 일반동사의 과거

Practice A
.... p.46

① played ② cried
③ stopped ④ moved
⑤ talked ⑥ tried
⑦ planned ⑧ danced
⑨ helped ⑩ watched

① clean ② called
③ studied ④ lived
⑤ works ⑥ helped

Practice B
.... p.47

① listen / listened
② cried / cry
③ play / played
④ study / studied
⑤ watches / watched

Sentences
.... p.48

① I study hard every day.
② He liked cake before.
③ She dropped her bag then.
④ They lived in Jeju 10 years ago.
⑤ We watch a movie every Friday.
⑥ He called me last Tuesday.

문장 쓰기
.... p.49

① (b)
② (c)
③ (a)

① 그것은 밤에 울었다.
② 그들은 라면을 요리했다.

① I studied math.
② He worked at the bank last year.
③ She washed her hands
④ They helped sick people.

Day 02 일반동사의 과거
– 불규칙 변화 / 부정문

Practice A
.... p.52

① went ② took
③ saw ④ rode
⑤ wrote ⑥ did
⑦ made ⑧ read
⑨ got ⑩ bought

① did not eat
② did not come
③ did not study
④ did not sleep
⑤ did not get

Practice B
.... p.53

① went / did not(didn't) go
② saw / did not(didn't) see
③ read / did not(didn't) read
④ drank / did not(didn't) drink
⑤ did / did not(didn't) do

Sentences
.... p.54

① I walked to school.
  I did not(didn't) walk to school.
② He had breakfast.
  He did not(didn't) have breakfast.
③ She did the dishes at 8.
  She did not(didn't) do the dishes at 8.
④ It flew high.
  It did not(didn't) fly high.
⑤ They rode bikes after school.
  They did not(didn't) ride bikes after school.
⑥ We liked candies.
  We did not(didn't) like candies

문장 쓰기
.... p.55

① (b)
② (c)
③ (a)

① 나는 내 숙제를 하지 않았다.
② 우리는 거기에 살지 않았다.

① It didn't go to the park.

② He did not(didn't) do the dishes.

③ She did not(didn't) eat vegetables.

④ They did not(didn't) drink milk.

Day 03 일반동사의 과거 – 의문문

① Did they eat

② Did you like

③ Did he speak

④ Did she have

⑤ Did it sleep

① Yes, he did.

② No, she didn't.

③ Yes, I did.

④ No, they didn't.

⑤ Yes, it did.

① I did

② Did he teach

③ she didn't

④ Did they make

⑤ she didn't

① Did you plan a surprise party?
   I did

② Did he have dinner at 8?
   he didn't

③ Did she drop the ball?
   she did

④ Did it cry all day long?
   it didn't

⑤ Did they ride bikes after school?
   they did

⑥ Did they help your sister?
   they didn't

① (b)

② (c)

③ (a)

① 그들은 아침을 먹었니?

② 그것은 밤에 잤니?

① Did you play the piano?

② Did it fly fast?

③ Did she go to school?

④ Did they cook well?

Day 04 be동사와 일반동사 구별

① 그는 배고팠다.

② 그는 초콜릿을 먹었다.

③ 그들은 도서관에 있다.

④ 그녀는 도서관에서 공부한다.

⑤ 그녀는 병원에서 일했다.

① is	② felt
③ am	④ go
⑤ were	⑥ ran
⑦ was	⑧ taught

① was / had

② saw / were

③ was / met

④ was / studied

⑤ bought / were

① They were cooks 10 years ago.

② They cooked Korean foods.

③ We plant trees.

④ We are under the tree.

⑤ She bought vegetables and bread.

⑥ She was at the mall.

① (c)

② (a)

③ (b)

① 그녀는 도서관에 있었다.

② 그는 도서관에 갔다.

① I worked at the police station.

② It moved fast.

③ It was a fast rabbit.

④ They felt tired.

Day 05 단원 TEST .... pp.68~71

01

① hurt ② bought

③ sang ④ ate

【해석】

① 그는 다리를 다쳤다.

② 그녀는 우유를 샀다.

③ 우리는 강당에서 함께 노래했다.

④ 그들은 쿠키를 먹었다.

02

① walked ② slept ③ did

03

① No, didn't, studied

② Yes, did, played the piano

③ Yes, did, went to the movies

④ No, didn't, watched TV

⑤ No, didn't, did

04

① She didn't catch the ball.

② Did they eat chocolate last night?

③ It ate vegetables a lot.

④ Did Ann read many books?

05

① Did, snow / did

② Did, study / didn't

③ Did, buy / Yes, did

06

① He has breakfast at 8.

He had breakfast at 8.

Did he have breakfast at 8?

He didn't have breakfast at 8.

② Your sister meets her friends in the library.

Your sister met her friends in the library.

Did your sister meet her friends in the library?

Your sister didn't meet her friends in the library.

③ They play tennis after school.

They played tennis after school.

Did they play tennis after school?

They didn't play tennis after school.

④ Mina cleans her room.

Mina cleaned her room.

Did Mina clean her room?

Mina didn't clean her room.

【해석】

① 그는 아침을 8시에 먹는다.

그는 아침을 8시에 먹었다.

그는 아침을 8시에 먹었니?

그는 아침을 8시에 먹지 않았다.

② 네 여동생은 도서관에서 그녀의 친구들을 만난다.

네 여동생은 도서관에서 그녀의 친구들을 만났다.

네 여동생은 도서관에서 그녀의 친구들을 만났니?

네 여동생은 도서관에서 그녀의 친구들을 만나지 않았다.

③ 그들은 방과 후에 테니스를 친다.

그들은 방과 후에 테니스를 쳤다.

그들은 방과 후에 테니스를 쳤니?

그들은 방과 후에 테니스를 치지 않았다.

④ 미나는 그녀의 방을 청소한다.

미나는 그녀의 방을 청소했다.

미나는 그녀의 방을 청소했니?

미나는 그녀의 방을 청소하지 않았다.

중학 대비 TEST .... pp.72~73

1. Did, study / No, didn't / studied math

2. Does, play / Yes, does

3. Did, visit / No, didn't / visited (her) grandparents.

4. Did, go / Yes, did

5. The driver drove the car too fast.

6. He wore a seat belt.

7. So he didn't hurt too badly.

8. the police didn't come quickly

9. took / went

10. played / didn't study

11. didn't make / bought

12. She bought tomatoes.

13. She met Susan.

14. She didn't call Mom.

15. She did her homework.

【해석】

1. A: 너는 어제 영어를 공부했니?

   B: 아니, 그렇지 않아. 나는 어제 수학을 공부했어.

2. A: 수는 매일 피아노를 치니?

   B: 응, 맞아.

3. A: 수는 어제 박물관을 방문했니?

  B: 아니, 그렇지 않아. 그녀는 조부모님을 방문했어.

4. A: 수와 팀은 어제 캠핑을 갔니?

  B: 응, 맞아.

5-8.

  차사고가 있었다. 운전자가 차를 너무 빨리 몰았다. 그는 안전벨트를 맸다. 그래서 그는 심하게 다치지 않았다. 누군가 112에 전화를 했다. 하지만 경찰은 재빨리 오지 않았다.

12. 그녀는 토마토를 샀다.

13. 그녀는 수잔을 만났다.

14. 그녀는 엄마에게 전화하지 않았다.

15. 그녀는 그녀의 숙제를 했다.

Week 3 진행형

Day 01 현재 진행

Practice A p.78

① is walking   ② am running

③ is making   ④ are doing

⑤ are sitting   ⑥ is moving

⑦ is eating   ⑧ are playing

⑨ are going   ⑩ is swimming

① go   ② is helping

③ are driving   ④ watches

⑤ are playing

Practice B p.79

① walk / is walking

② swims / are swimming

③ is coming / comes

④ drink / am drinking

⑤ sleeps / is sleeping

Sentences p.80

① I am singing very well.

② He is having breakfast now.

③ She is playing a board game.

④ They are listening to their teacher.

⑤ We are cooking dinner together.

⑥ It is raining outside now.

문장 쓰기 p.81

① (b)

② (a)

③ (c)

① 너는 물을 마시고 있다.

② 그것은 바다에서 수영하고 있다.

① I am washing a car.

② He is sleeping in the bed.

③ She is playing the piano

④ They are cooking in the kitchen.

Day 02 현재 진행 – 부정문 / 의문문

Practice A p.84

① am not cleaning

② is not sleeping

③ are not smiling

④ is not wearing

⑤ are not reading

① Are you   ② Is he

③ Are they   ④ Are we

⑤ Is she

Practice B p.85

① You are not having lunch.

  Are you having lunch?

② He is not taking a shower.

  Is he taking a shower?

③ They are not drawing a picture.

  Are they drawing a picture?

④ She is not laughing on the street.

  Is she laughing on the street?

⑤ They are not going to the park.

  Are they going to the park?

⑥ It is not raining outside.

  Is it raining outside?

Sentences p.86

① I am not working

  Are you working

② She is not going to school.

Are they going to school?

③ He is not eating

Is she eating

④ We are not playing

Are you playing

⑤ We are not cutting

Are they cutting

① (b)

② (a)

③ (c)

① 그는 크게 웃고 있지 않다.

② 그들은 자전거들을 타고 있니?

① She isn't smiling at me.

② Is he wearing glasses?

③ Are they walking to school?

④ I'm not listening to music.

Day 03 과거 진행

① was running   ② was singing

③ was coming   ④ were doing

⑤ were stopping   ⑥ was flying

⑦ was cutting   ⑧ were planning

⑨ were going   ⑩ was jumping

① was sleeping   ② did

③ were eating   ④ watched

⑤ were studying

① stayed / was staying

② helped / were helping

③ was climbing / climbed

④ were planning / planned

⑤ did / was doing

① I was riding a bike.

② He was cooking spaghetti.

③ She was playing the piano.

④ They were cleaning the floor.

⑤ We were buying cookies.

⑥ She was studying hard.

① (c)

② (b)

③ (a)

① 그것은 과일을 먹고 있었다.

② 그들은 나무들을 자르고 있었다.

① I was doing my homework.

② He was planning a surprise party.

③ She was studying in the library.

④ It was jumping high.

Day 04 과거 진행 – 부정문 / 의문문

① studies / is studying /

is not studying / Is he studying /

was not studying / Was he studying

② help / are helping / Are they helping /

are not helping / were helping /

were not helping / Were they helping

③ eats / is not eating /

Is she eating / was eating /

was not eating / Was she eating

① Jane was not swimming in the pool.

Was Jane swimming in the pool?

② He was not walking to school.

Was he walking to school?

③ They were not listening to music.

Were they listening to music?

④ She was not playing the guitar.

Was she playing the guitar?

⑤ You were not cleaning the classroom.

Were you cleaning the classroom?

⑥ It was not crying all day long.

Was it crying all day long?

① was not taking a shower

② was washing her face

③ she having breakfast

④ She was not playing tennis.

⑤ Was she studying English?

⑥ She was having lunch.

문장 쓰기 p.99

① (a)

② (c)

③ (b)

① 그는 8시에 자고 있지 않았다.

② 그들은 책을 읽고 있었니?

① She wasn't playing soccer.

② Was he cooking dinner?

③ Were they waiting for Mia?

④ I was not buying fruit.

Day 05 단원 TEST .... pp.100~103

01

① She is playing soccer now.

② I was doing the dishes at 8

③ We are reading a book now.

④ They were baking bread at 10

【해석】

① 그녀는 지금 축구를 하고 있다.

② 나는 어제 8시에 설거지를 하고 있었다.

③ 우리는 지금 책을 읽고 있다.

④ 그들은 어제 10시에 빵을 굽고 있었다.

02

① you riding your bike

② is not drinking milk

③ is cooking dinner

④ they sitting on a bench

03

① They are buying some fruit.

② We were eating sandwiches then.

③ He was not washing his car.

④ Was she running to school at 9?

⑤ It was jumping on the bed then.

⑥ Are you wearing glasses?

⑦ It is raining in London now.

04

① Are Tom and John listening to music?

② He gets up at 7 and goes jogging every morning.

③ Were you shopping at the mall yesterday?

④ Who are you waiting for?

【해석】

① A: 톰과 존은 음악을 듣고 있니?

　B: 맞아. 그리고 그들은 음악에 춤추고 있어.

② A: 그는 매일 아침 7시에 일어나서 조깅하러 가.

　B: 와, 그는 정말 훌륭한 선수이구나.

③ A: 너는 어제 쇼핑몰에서 쇼핑하고 있었니?

　B: 응, 맞아.

④ A: 너는 누구를 기다리고 있니?

　B: 나는 내 남동생을 기다리고 있어.

05

① are watching

② Are you coming

③ was not doing his homework

06

① She is playing the violin.

② He was working on his computer.

③ studying in her room / studying

④ eating lunch / he was

【해석】

① A: 앤은 무엇을 하고 있니?

　B: 그녀는 바이올린을 연주하고 있어.

② A: 팀은 무엇을 하고 있었니?

　B: 그는 컴퓨터로 일하고 있었어.

③ A: 앤은 그녀의 방에서 공부하고 있니?

　B: 아니. 그녀는 도서관에서 공부하고 있어.

④ A: 팀은 점심을 먹고 있었니?

　B: 응, 맞아.

07

① was having breakfast

② is taking a shower

③ was watching a movie

④ is visiting the museum

【해석】

① 제이크는 어제 아침을 먹고 있었다.

② 제이크는 오늘 샤워를 하고 있다.

③ 수는 어제 영화를 보고 있었다.

④ 수는 오늘 박물관을 방문하고 있다.

중학 대비 TEST .... pp.104~105

1. dancing / they were
2. is sleeping
3. was watching
4. is wearing
5. It was raining outside.
6. Mom and I were sitting on the sofa.
7. I was looking out the window and listening to music.
8. We were covering ourselves with a warm blanket.
9. is not teaching / is working
10. was not studying / was talking
11. are not running / are walking
12. I was drinking milk
13. I am cleaning my room

【해석】

1. A: 톰과 팀은 음악에 춤추고 있었니?
   B: 응, 맞아.
2. A: 수는 무엇을 하고 있니?
   B: 그녀는 나무 아래에서 자고 있어.
3. A: 너는 책을 읽고 있었니?
   B: 아니. 나는 축구 경기를 보고 있었어.
4. A: 봐. 앤이 분홍색 바지를 입고 있어.
   B: 그녀는 멋져 보인다.
5-8.
   일요일 아침이었다. 밖에 비가 오고 있었다. 엄마와 나는 소파에 앉아 있었다. 엄마는 빗방울 소리를 듣고 있었다. 나는 창밖을 보면서 음악을 듣고 있었다. 우리는 따뜻한 이불을 덮고 있었다. 우리는 비를 정말 즐기고 있었다.

Week 4 미래 시제 & 조동사

Day 01 미래 시제

Practice A p.110

① is / will be
② was / will be
③ was / will be
④ visited / will visit

① is going to rain
② cooked
③ is going to buy
④ are going to visit
⑤ played

Practice B p.111

① took / will take
② is going to help / helped
③ will clean / cleaned
④ am going to play / played
⑤ left / will leave

Sentences p.112

① She was a student
   She is a student
   She will be a student
② They eat out
   They ate out
   They are eating out
   Are they going to eat out
③ He watches TV
   He watched TV
   He will not watch TV
④ We bake cookies
   We baked cookies
   We are going to bake cookies

문장 쓰기 p.113

① (c)
② (a)
③ (b)

① 우리는 차를 살 예정이다.
② 그는 그의 방을 청소할 것이다.

① They are going to leave soon.
② I am going to play computer games.
③ She will be a doctor next year.
④ He will visit Mia.

Day 02 Can, May

Practice A p.116

① can   ② may   ③ can

④ may   ⑤ can

① can't   ② may not
③ No, you can't.   ④ May I

③ 그녀는 감기에 걸렸다. 그녀는 뜨거운 물을 마셔야 한다.
④ 박물관이 곧 닫힐 것이다. 우리는 거기에 갈 필요가 없다.
⑤ 그는 시험 공부를 해야만 한다.

① They may be busy today.
② She can drive a car.
③ He may be late for school.
④ Can you speak English?
⑤ They can't ski fast.
⑥ You may ride a bike here.

① 너는 내 컴퓨터를 사용해도 된다.
② 나는 그 장난감을 살 수 없다.
③ 너는 여기에 앉아도 된다.
④ 그녀는 중국어를 말할 수 없다.
⑤ 내일 비가 안 올지 모른다.

① (a)
② (c)
③ (b)

① 그는 빠르게 스키를 탈 수 없다.
② 너는 내 샌드위치를 먹어도 된다.

① You can use my phone.
② They can't ride bikes.
③ She may be busy today.
④ It can swim fast.

Day 03 Must, Should, Have to

① must   ② should
③ doesn't have to   ④ should not
⑤ must not

① have to   ② must not
③ should   ④ don't have to
⑤ has to

【해석】
① 나는 늦었다. 나는 서둘러야 한다.
② 너는 도서관에서 크게 말하면 안 된다.

① He has to speak in English.
② You must be quiet.
③ She doesn't have to hurry.
④ They should not go there.
⑤ We must not watch TV too long.
⑥ You should not forget your homework.

① 너는 모자를 쓸 필요가 없다.
② 나는 매일 연습해야만 한다.
③ 그는 돈을 아껴야 한다.
④ 그녀는 교복을 입어야만 한다.
⑤ 그들은 패스트푸드를 먹지 말아야 한다.

① (c)
② (a)
③ (b)

① 그녀는 거기에 갈 필요가 없다.
② 나는 아이스크림을 먹어서는 안 된다.

① They must not forget their homework.
② You don't have to wear glasses.
③ She doesn't have to hurry.
④ We should be quiet

Day 04 조동사 – 부정문 / 의문문

① must not   ② can't
③ doesn't have to   ④ should not
⑤ should not

① Can   ② Should   ③ May
④ Do   ⑤ Can

① 나는 피아노를 연주할 수 없다.
② 내가 네 컴퓨터를 써도 되니?

③ 그녀는 배고프지 않을지도 모른다.

④ 내가 네 책을 빌려도 되니?

⑤ 그녀는 거기에 주차하면 안 된다.

⑥ 그는 커피를 마시면 안 된다.

⑦ 너는 네 방을 청소해야만 하니?

⑧ 그녀는 안경을 써야만 하니?

⑨ 너는 늦지 않아야 한다.

⑩ 그들은 여기에 머물러야 하니?

Sentences p.130

① Does he study hard?

② May I use your phone?

③ Can he drive a car?

④ Does she have to do her homework?

⑤ Should I see a doctor?

【해석】

① A: 그는 열심히 공부하니?

　B: 응, 맞아.

② A: 내가 네 전화기를 써도 되니?

　B: 응, 그럼.

③ A: 그는 운전할 수 있니?

　B: 아니, 그렇지 않아.

④ A: 그녀는 그녀의 숙제를 해야 하니?

　B: 응, 맞아.

⑤ A: 내 다리가 아파. 내가 병원에 가야 하니?

　B: 응, 그럼.

문장 쓰기 p.131

① (b)

② (c)

③ (a)

① 그녀는 집에 가도 되니?

② 그는 거짓말을 하지 않을지 모른다.

① She can't sleep well.

② She may not close the door.

③ He doesn't have to go there.

④ Should he stay here?

Day 05 단원 TEST .... pp.132~135

pp.132~135

01

① 나무를 오를 수 있다

② 오늘 피곤할지도 모른다

③ 9시에 도착할 것이다

④ 그들의 숙제를 해야 한다

⑤ 채소를 먹어야만 한다

02

① can't move

② doesn't have to go

③ must not fight

④ may be

03

① has to

　must not

② Does she have

③ don't have to

④ may not

⑤ can't / Can she

⑥ Do you have

【해석】

① 그는 집에서 쉬어야 한다.

　그는 집에서 쉬면 안 된다.

② 그녀가 문을 잠궈야만 하니?

③ 우리는 식탁을 차릴 필요가 없다.

④ 오늘 오후에 눈이 오지 않을 지도 모른다.

⑤ 그녀는 영어 글자를 쓸 수 없다.

　그녀는 영어 글자를 쓸 수 있니?

⑥ 너는 여기서 수영을 해야만 하니?

04

① She doesn't have to wear a coat.

② You must not tell a lie.

③ Eagles can fly high and fast.

④ You may(can) use my phone.

05

① He has to be careful.

　그는 조심해야만 한다.

② It may rain tomorrow.

　내일 비가 올지 모른다.

③ She must clean her room on Wednesdays.

　그녀는 수요일마다 그녀의 방을 청소해야만 한다.

06

① You may(can) use mine.

② You don't have to meet her.

③ You must see a doctor.

④ We must(have to / should) be quiet.

【해석】

① A: 오, 내 우산을 안 갖고 왔네.

   B: 너는 내 것을 써도 돼.

   A: 정말 고마워.

② A: 질문이 있어. 내가 앨리스를 만나야만 하니?

   B: 아니. 너는 그녀를 만날 필요가 없어. 너는 학교에서 그녀를 봐
      도 돼.

③ A: 너는 괜찮니?

   B: 나는 기침과 콧물이 나.

   A: 오, 안돼. 너는 병원에 가야만 해.

④ A: 영화가 곧 시작해.

   B: 알아. 우리는 조용히 해야만 해.

   A: 그리고 우리 전화기들도 꺼 놔야 해.

중학 대비 TEST .... pp.136~137

1. can → can't

2. Have I → Do I have

3. may → must

4. must → will

5. She can go down very fast.

6. she may not teach you directly

7. you don't have to worry

8. She will be your online teacher.

9. must not park

10. may be sick

11. don't have to pay

12. is going to visit the gallery

13. are going to swim

【해석】

1. A: 내가 너와 캠핑을 가도 되니?

   B: 아니, 안 돼.

2. A: 내가 내 셔츠를 세탁해야 하니?

   B: 그럼, 그래야 해.

3. A: 신호등이 빨간색이야.

   B: 오, 나는 멈춰야만 해.

4. A: 앤은 10살이니?

   B: 맞아. 하지만 그녀는 다음달이면 11살이 될 거야.

5-8.

   케이트는 능력 있는 스키선수이다. 그녀는 매우 빠르게 내려올 수
   있다. 그녀는 또한 훌륭한 코치이다. 여러분은 그녀에게서 배울
   수 있지만 그녀가 직접 여러분을 가르치지 못할 수도 있다. 하지만
   여러분은 걱정할 필요가 없다. 여러분은 유튜브로 그녀의 기술들
   을 배울 수 있다. 그녀는 여러분의 온라인 선생님이 될 것이다.